Daniela Karle, Ingrid Rehm-Kronenbitter, Sabine Wagner
unter Mitarbeit von Ines Wagner und Wolf-Dieter Schuster

Gib mir die Hand

Ethik 9/M9 für die Hauptschule
Ausgabe Bayern

2. Auflage – 1. korrigierter Nachdruck 2007

Bestellnummer 72209

Bildungsverlag EINS

Zeichenerklärung

* Die so gekennzeichneten Begriffe werden am Ende des Buches im Glossar erklärt.

(M) Dieses sind Buchseiten und Aufgaben, die du als Schüler im M-Zug bearbeitest.

www.bildungsverlag1.de

Bildungsverlag EINS
Sieglarer Straße 2, 53842 Troisdorf

ISBN 978-3-523-**72209**-3

Inhaltsverzeichnis

1 Autorität und Selbstbestimmung

Das passiert einem auch nicht alle Tage, oder?

Autorität im persönlichen Umfeld

Autoritäten* und autoritäres Verhalten

Zwei ähnliche Begebenheiten:

1. Eine Gruppe Schüler war froh, als der Bus endlich an der Haltestelle ankam. Noch wenige Tage vor dem Zwischenzeugnis hatten sie heute zwei Probearbeiten geschrieben und sechs Stunden Unterricht gehabt. Erschöpft ließen sie sich auf die letzten freien Sitze fallen.

Aber nicht alle Fahrgäste hatten einen Sitzplatz gefunden. Eine ältere Frau stieg ein und schaute sich suchend um: „Ich kann nicht sehr lange stehen, ich habe ein Problem mit meiner Hüfte ..." Keiner der Schüler rührte sich vom Platz. Die Dame sprach einen Jugendlichen direkt an: „Ich weiß, dass ihr heutzutage in der Schule sehr hart arbeiten müsst und sicher auch müde seid. Aber ich bitte dich trotzdem, mir einen Sitzplatz frei zu machen." „Wenn's unbedingt sein muss", meinte der Angesprochene und stand auf, „mein Großvater hat's auch mit der Hüfte. Ich weiß von ihm, dass er auch im Bus immer sitzen muss." Die Frau und der Jugendliche unterhielten sich weiter ganz angeregt ...

2. Eine Gruppe Schüler war froh, als der Bus endlich an der Haltestelle ankam. Noch wenige Tage vor dem Zwischenzeugnis hatten sie heute zwei Probearbeiten geschrieben und sechs Stunden Unterricht gehabt. Erschöpft ließen sie sich auf die letzten freien Sitze fallen.

Aber nicht alle Fahrgäste hatten einen Sitzplatz gefunden. Einige Personen standen schon auf dem engen Gang. Eine ältere Frau stieg ein und schaute sich ungehalten im vollen Bus um: „Kann nicht endlich einer einen Platz frei machen? Stehst du mal auf", herrschte sie einen der Jugendlichen an, „es sind schließlich ältere Leute eingestiegen!" „Ich bin auch müde, ich seh das gar nicht ein, fahren Sie doch zu einer anderen Zeit – wenn der Bus nicht so voll ist."

„Du stehst sofort auf! Mit mir wird hier nicht diskutiert! Kein Respekt vor dem Alter ..."

1 *Lies die beiden Texte aufmerksam durch. Versuche, das unterschiedliche Verhalten der Erwachsenen zu beschreiben. Notiere in Stichpunkten.*
2 *Die beiden Kurzdefinitionen beschreiben die Begriffe „Autorität" und „autoritäres Verhalten". Ordne das Verhalten der beiden Frauen in den „Bus-Geschichten" den Begriffen zu.*
3 *Welche Erfahrungen mit autoritärem Verhalten oder mit Autoritäten hast du selbst schon gemacht? Ordne sie der jeweiligen Definition zu.*

Autorität
Eine Person übt Autorität aus, wenn der Einfluss auf eine besondere Leistung, auf Tradition, Persönlichkeit u. Ä. zurückgeht. Daraus erwachsen dieser Person Ansehen, Bedeutung und Wertschätzung.

Autoritäres Verhalten
Autoritäres Verhalten bedeutet, dass jemand die Machtmittel, die ihm aufgrund seiner Stellung zur Verfügung stehen, dazu benutzt, um andere zu zwingen, etwas Bestimmtes zu tun.

Verhalten in Autoritätskonflikten*

1. Die Eltern sitzen im Garten. Ihr Sohn Tim spielt mit Freunden am Gartenteich. Tims Mutter warnt: „Pass auf, dass du nicht nass wirst. Du bist schon erkältet!" Der Junge schmollt zuerst und bleibt neben dem Teich stehen. Er bringt dann auf seinen Knien ein Spielzeugboot ins Wasser. Plötzlich beugt er sich zu weit vor, fällt ins Wasser und ist von oben bis unten nass.

2. Katrin hat andere Vorstellungen von Ordnung als ihre Mutter. Regelmäßig gibt es Streit über Katrins „unaufgeräumtes, chaotisches Zimmer". Seit einer Woche räumt Katrin überhaupt nichts mehr weg. Als ihre Mutter sie bittet, wenigstens die frische Wäsche in den Schrank zu räumen, wirft Katrin die T-Shirts auf den Boden und schreit: „Lass mich mit deinem Ordnungsfimmel in Ruhe. Ich mach, was ich will!"

3. Familie Kern plant eine Einkaufsfahrt in die Stadt. Während die Mutter noch das Frühstücksgeschirr in die Spülmaschine räumt, stehen der Vater und die Kinder bereits fertig angezogen im Flur. Melanie sagt zu Sven: „Ob sie es mal schafft, rechtzeitig fertig zu werden?" Sven stimmt ihr zu: „Typisch, wir sollen immer pünktlich sein, aber sie selbst ..."

1 *In einem Autoritätskonflikt können die unterschiedlichsten Verhaltensmuster ablaufen.*
   a) *Wie reagiert der/die Betroffene in den jeweiligen Konfliktbeispielen?*
   b) *Welche Lösungsmöglichkeiten siehst du selbst außer denjenigen, die in den Situationen geschildert werden?*

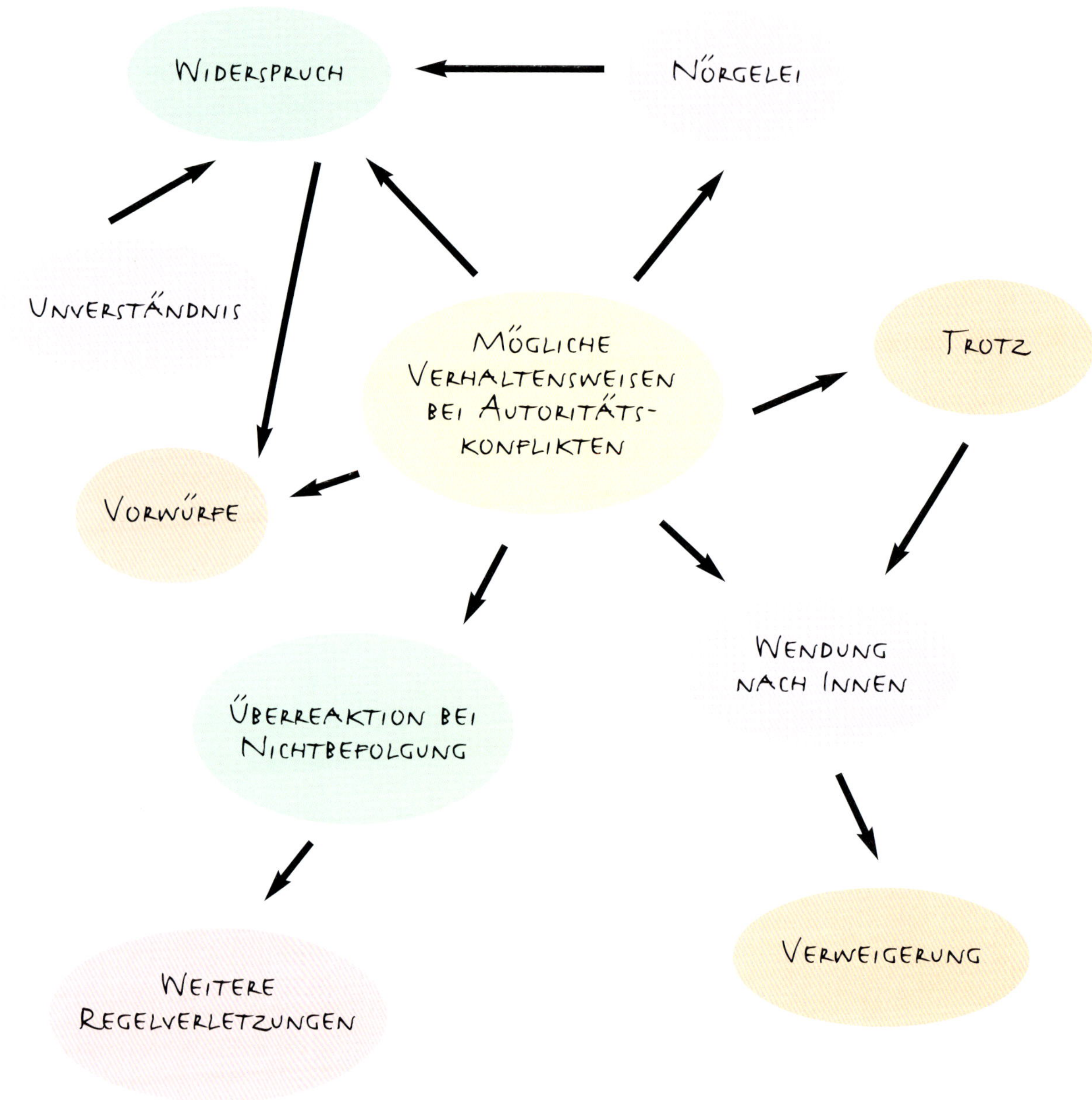

2 *In diesem Cluster findest du verschiedene Verhaltensweisen bei Autoritätskonflikten mit Eltern, Lehrern, anderen Erwachsenen usw.*

a) *Erkläre die Verhaltensweisen mit Hilfe von Beispielen aus deinem eigenen Erfahrungsbereich.*

b) *Finde andere denkbare Reaktionsmöglichkeiten auf Autoritätskonflikte und erkläre sie anhand von Beispielen.*

Autoritäten – wichtig bei Entscheidungen?

1 *Peter, Ibrahim, Anna und mehrere andere Jugendliche aus der Umgebung haben sich am Spielplatz getroffen, um weitere Unternehmungen für den Nachmittag zu planen.*

a) *Worin siehst du den Zusammenhang dieser Bilderfolge mit dem Thema „Autorität"?*

b) *Stell dir vor, du bist Ibrahim: Wie fühlst du dich in dieser Situation? Welche Gedanken gehen dem Jugendlichen durch den Kopf?*

c) *Nicht nur Ibrahim, sondern alle folgen dem Vorschlag von Peter. Warum? Was macht Peter zur entscheidenden Person in dieser Clique?*

2 *Im obigen Beispiel hat sich Ibrahim der Autorität von Peter unterworfen. Autorität kann aber auch Wegweisung, Entscheidungshilfe und Entlastung von Verantwortung sein.*
Lies dazu die drei folgenden Texte und ordne zu:

1. Leonnie und Sarah möchten am Abend gerne gemeinsam in die Disco gehen. Sarahs Eltern erlauben dies nur, wenn ihre Tochter auf dem Nachhauseweg begleitet wird. Leonnie bietet daraufhin an, mit ihrer Freundin nach Hause zu gehen. Leonnies Mutter erfährt von dem Plan und ist mit dieser Lösung nicht einverstanden. Sie möchte die Verantwortung nicht ihrer Tochter überlassen und bringt nach dem Fest beide Mädchen selber nach Hause.

2. Die 17-jährige Catia ist schwanger. Sie ist mit ihrer Situation völlig überfordert und sucht Rat bei „pro familia". Die Ansprechpartnerin dort versucht nun, Catia mehrere mögliche Wege aufzuzeigen, um ihr so bei einer Entscheidung für oder gegen das Kind behilflich zu sein.

3. Herr Wibmer ist Berufsberater beim Arbeitsamt. Sabine möchte gerne Fachlehrerin für GtB und KbB werden. Im Augenblick besucht sie die 8. Jahrgangsstufe der Hauptschule und hat ziemlich gute Noten. Herr Wibmer erklärt ihr, dass sie unbedingt einen mittleren Bildungsabschluss braucht, um diese Berufsausbildung beginnen zu können. Für Sabine bedeutet dies, dass sie in den nächsten Jahren die M-Klassen in ihrer Hauptschule besuchen muss. Nach Abschluss der M10 kann sie dann – laut Herrn Wibmer – in das Staatsinstitut für Fachlehrerinnen eintreten.

3 *Du kennst sicher auch Situationen aus deinem persönlichen Umfeld, die den Begriffen zugeordnet werden können. Überlege mit deinem Partner.*

Autorität und Medien

„Wenn du nicht spurst, kommt die Super-Nanny ..."

Katharina Saalfrank (33 Jahre) ist die „Super-Nanny". In jeder Folge der Doku-Soap zieht die ausgebildete Diplom-Pädagogin* und Mutter von vier Kindern eine Woche zu einer Familie, die Sorgen mit ihren Kindern hat. Gemeinsam mit Eltern und Kindern sucht sie nach Ursachen der Probleme, erarbeitet individuelle Lösungen und trainiert sieben Tage lang mit den Betroffenen. Anschließend hat die Familie eine Woche Zeit, die Tipps alleine umzusetzen.

Auffällig an der Sendung ist der hohe Anteil an Kindern, die sich die Erziehung ihrer Generation ansehen. Am 04. 05. 2005 versammelte die „Super-Nanny" 19 % der 3- bis 13-Jährigen, das waren 310.000 Kinder. [...] Der hohe Kinderanteil könnte bedeuten, dass Eltern ihre Kinder zur Warnung mit diesen Sendungen konfrontieren nach dem Motto* „Wenn du nicht spurst, kommt die „Super-Nanny"." [...]

Katharina Saalfrank selbst sieht die ganze Sache eigentlich gelassen. Sie meint in einem Interview auf die Frage, wie sie sich als „Mutter der Nation" fühle: „Ach, ich mache mir das gar nicht so klar. Auch wenn die Mitschüler meiner Kinder etwas durchdrehen und Autogramme wollen." [...]

1 *Fast 4 Millionen Menschen, Eltern und Kinder, sehen diese Fernsehsendungen. Was bedeutet es für Katharina Saalfrank, wenn Eltern sagen: „Wenn du nicht spurst, kommt die Super-Nanny."? Diskutiert.*

2 *Katharina Saalfrank ist Diplom-Pädagogin und Mutter – wie viele Frauen. Sie kennt sich also im Bereich Erziehung aus. Was unterscheidet sie dennoch von anderen Pädagoginnen und Müttern?*

Für Richard Ohrner (Erziehungsberater) ist die mediale Auseinandersetzung der „Super-Nanny" mit den jeweiligen Problemen trotz allem zu oberflächlich. „Die Familien lernen dabei nicht, sich mit grundsätzlichen Problemen auseinanderzusetzen." Er ist überzeugt, dass die Einrichtungen vor Ort besser, intensiver helfen können. „Man muss nicht zum Fernsehen rennen, wenn man mit seiner Familie nicht mehr klarkommt."

3 *Versucht herauszufinden, welche Beratungsstellen für Familien es in eurer Umgebung gibt.*

Autorität und Verantwortung

Wer darf Autorität beanspruchen?

Aus einem Jugendlexikon „Erziehung":
Das Wort „Autorität" kommt aus der lateinischen Sprache. Ursprünglich hatte es unter anderem folgende Bedeutungen:

1. Gültigkeit (z. B. einer Behauptung), Gewähr, Verbeugung
2. Rat, Zureden, Aufmunterung
3. Vollmacht, Ermächtigung etwas zu tun oder zu lassen
4. Geltung, Gewicht, Ansehen, Einfluss

Der Begriff Autorität wurde bei den Römern in folgendem Sinne gebraucht: Wenn jemand seine Mitbürger von der Richtigkeit einer Sache überzeugen wollte, nannte er eine angesehene Person, die auch seiner Meinung war, damit seine Worte mehr Gewicht bekamen. Diese Person war eine Autoritätsperson, d. h., jeder war davon überzeugt, dass sie über eine Sache genau Bescheid wusste und sich für die Richtigkeit verbürgen konnte. Autorität beruhte also auf Erfahrung, Wissen und Können, nicht auf Zwang. [...]

Wir sagen: „Jemand ist auf einem bestimmten Gebiet eine Autorität" und meinen damit, dass er auf diesem Gebiet besonders viel weiß und man seinem Ratschlag und seinem Urteil vertrauen kann. Wir sagen z. B. auch: „Für das kleine Kind sind die Eltern eine absolute Autorität" und meinen damit, dass das Kind bis zu einem bestimmten Alter seinen Eltern, ohne zu zögern, glaubt und sie für „Alleswisser" und „Alleskönner" hält. [...] Diese Art von Autorität nennen wir heute *„persönliche Autorität"* oder *„Sachautorität"*, weil sie von einem Menschen durch Können und Erfahrung erworben worden ist.

Von dieser Art Autorität unterscheiden wir die *„formale Autorität"* oder *„Amtsautorität"*. Diese Form der Autorität wird einem Menschen durch eine bestimmte Stellung oder einen bestimmten Beruf verliehen, z. B. durch die Stellung des Vorgesetzten oder solche Berufe wie Polizist, Lehrer, Richter, Krankenschwester. In diesem Fall wird der Mensch zu einer Autoritätsperson, weil er die Institution vertritt (Staat, Schule, Krankenhaus) und die Machtmittel benutzen kann, die ihm durch sein Amt zur Verfügung stehen. Amtsautorität hat nicht unbedingt etwas mit persönlicher oder Sachautorität zu tun. Allerdings achten die Institutionen in der Regel schon darauf, dass sie nur Leute in ein Amt berufen, von denen sie glauben, dass sie für diese Stellung auch Sachautorität mitbringen.

1 *Lies den Text aufmerksam durch.*

a) *Finde die Textstellen heraus, an denen die Wesensmerkmale von Autorität näher beschrieben werden.*

b) *Welche drei Arten von Autorität werden im Text unterschieden?*

Autoritäten

Christine Hohmann-Dennhardt wurde 1950 geboren. Sie ist verheiratet und hat zwei Kinder. Sie arbeitete an einer Universität und promovierte mit 29 Jahren. Ab 1981 arbeitete sie als Richterin in Hessen, und von 1991 bis 1995 war sie hessische Ministerin der Justiz. Sie wechselte 1995 in das Ministerium für Wissenschaft und Kunst. Dr. Christine Hohmann-Dennhardt ist seit 1999 Richterin am Bundesverfassungsgericht in Karlsruhe.

Der 1879 in Ulm geborene Albert Einstein ist für viele Millionen Menschen auf dem Erdball bis heute die Verkörperung des Genies – auch wenn es nicht sehr viele Leute gibt, die seine Relativitätstheorie wirklich verstehen. Er erhielt 1921 den Nobelpreis für Physik.
Die Bedeutung des Denkers spiegelt sich auch in der Bilanz der Medien zum 20. Jahrhundert wider:
„Mann des Jahrhunderts" – „Das Gehirn des Jahrhunderts" – „Forscher des Jahrhunderts"
Der 1955 gestorbene Wissenschaftler wirkte durch seine Autorität auch als überzeugter Pazifist und Anwalt der Menschenrechte.

Mahatma Gandhi (1869–1948) war Widerstandskämpfer für ein unabhängiges Indien. Als Präsident der indischen Kongresspartei setzte er sich für konsequente Gewaltlosigkeit ein. Die Widerstandsbewegung konnte jedoch keine entscheidenden Ergebnisse im Kampf gegen die Briten bewirken. Er führte ein einfaches, von der buddhistischen Lehre bestimmtes Leben ohne persönlichen Besitz. Er bemühte sich auch innerhalb seines Landes um soziale Gerechtigkeit. 1948 wurde Gandhi von einem fanatischen Hindu erschossen.

2 *Auf Seite 12 hast du bereits den Lexikonausschnitt über Autorität gelesen. Lies den Text nochmals durch.*
   a) *Welche Art von Autorität verkörpern die hier abgebildeten Personen?*
   b) *Eltern, Lehrer, Gruppenleiter, Trainer, Politiker usw. sind auch Autoritäten. Ordne sie den drei Arten von Autoritäten zu. Kannst du alle Personengruppen eindeutig zuordnen? Diskutiert eure Vorschläge.*

3 *Jeder Mensch sucht in seinem Leben immer wieder nach Autoritäten. Es gibt aber Gruppierungen, die eine bedingungslose Unterwerfung unter Autoritäten fordern und einmal gewonnene Mitglieder nicht mehr loslassen. Sammelt Beispiele für solche Gruppen.*

Verlust von Autorität

Der Korse Napoleon Bonaparte wurde mit 24 Jahren in Frankreich zum General ernannt. Zwei Jahre später hatte er bereits den Oberbefehl über die gesamte Armee. Mit seinen Soldaten eroberte er in kürzester Zeit viele Gebiete. Sein Mut und seine Ausstrahlung begeisterten seine Soldaten so für ihn, dass sie bedingungslos für ihn kämpften. Er war 1799 der mächtigste Mann Europas. In Paris krönte er sich 1804 selbst zum Kaiser. Napoleon beutete seine Völker aus, unterdrückte sie und zwang sie zu immer neuen Opfern. Die Völker Europas schlossen sich im Kampf gegen den Herrscher zusammen. Nach vielen verlorenen Schlachten wurde er besiegt und auf die Insel Helena verbannt.

Als Jugendtrainer ist er bei seinen Fußballjungs richtig beliebt. Auch bei den Eltern ist er sehr angesehen, weil er sich um jeden einzelnen Spieler kümmert. Er hat für alle kleinen und großen Probleme der Spieler ein offenes Ohr.
Als die Jugendmannschaft dringend neue Trikots benötigt, sammelt er wochenlang Geldspenden von Firmen, da der Verein sich die Spielerkleidung nicht leisten kann.
Am Ende des Jahres, als die Rechnungsprüfer die Vereinskasse kontrollieren, stellen sie fest, dass das gespendete Geld fehlt.

1 *In beiden Fällen haben Menschen durch ihr Handeln Autorität verloren. Diskutiert die möglichen Gründe für den Autoritätsverlust.*

2 *Welche Personen kennst du in deinem Umfeld, die ihre Autorität verloren haben? Was waren die Gründe dafür?*

3 *In den Medien wird immer wieder über Personen berichtet, deren Autorität durch Fehlverhalten in Frage gestellt wird.*
  a) *Welche Personen sind für dich Autoritäten? Welche Situationen kannst du dir vorstellen, in denen auch diese Personen ihre Autorität verlieren könnten?*
  b) *Sammelt solche Berichte und stellt sie in der Klasse vor.*

Autorität im öffentlichen Leben

Das Recht als Autorität

Die Schlägerei im Schulhof hat für beide Beteiligten Folgen:

1. *Achim muss vor den Disziplinarausschuss und wird aufgrund seines aggressiven Verhaltens für drei Tage von der Schule ausgeschlossen.*
2. *Stefan hat eine Verletzung am Auge davongetragen, und die Eltern erstatten Anzeige bei der Polizei.*
3. *Der Staatsanwalt ermittelt.*
4. *Es kommt zur Gerichtsverhandlung.*
5. *Der Richter verurteilt Achim zu 36 Stunden Arbeitsleistung im Altersheim.*

> Das Zusammenleben in der Gesellschaft* wird durch Verordnungen und Gesetze geregelt, die vom Staat durch Institutionen (z. B. Polizei, Gerichte, Behörden, Schulen ...) und die sie vertretenden Personen (z. B. Polizisten, Staatsanwälte, Richter, Beamte, Lehrer ...) überwacht und durchgesetzt werden.

1 *Achim hat aufgrund dieses Vorfalls eine Menge Ärger bekommen.*
Vor welchen Personen musste er sich verantworten?

Zweiter Abschnitt
Beschäftigung von Kindern
§ 5 – Verbot der Beschäftigung von Kindern

(1) Die Beschäftigung von Kindern (§ 2 Abs. 1) ist verboten.
(2) Das Verbot des Absatzes 1 gilt nicht für die Beschäftigung von Kindern
1. zum Zwecke der Beschäftigungs- und Arbeitstherapie,
2. im Rahmen des Betriebspraktikums während der Vollzeitschulpflicht,
3. in Erfüllung einer richterlichen Weisung.

(Auszug aus dem Jugendarbeitsschutzgesetz)

§ 1

Halten sich Kinder oder Jugendliche an Orten auf, an denen ihnen eine unmittelbare Gefahr für ihr körperliches, geistiges oder seelisches Wohl droht, so haben die zuständigen Behörden oder Stellen die zur Abwendung der Gefahr erforderlichen Maßnahmen zu treffen. Wenn nötig, haben sie die Kinder oder Jugendlichen
1. zum Verlassen des Ortes anzuhalten,
2. einem Erziehungsberechtigten zuzuführen oder, wenn kein Erziehungsberechtigter erreichbar ist, in die Obhut des Jugendamtes zu bringen.

In schwierigen Fällen haben die zuständigen Behörden oder Stellen das Jugendamt über den jugendgefährdenden Ort zu unterrichten.

(Auszug aus dem Jugendschutzgesetz)

Tatbestand	Strafe (Euro)	Punkte	Fahrverbot
Sie belästigten als Verkehrsteilnehmer einen anderen mehr als nach den Umständen unvermeidbar.	10,–		
Sie behinderten als Verkehrsteilnehmer einen anderen mehr als nach den Umständen unvermeidbar.	20,–		
Sie gefährdeten als Verkehrsteilnehmer einen anderen.	30,–		
Sie schädigten als Verkehrsteilnehmer einen anderen.	35,–		
Sie fuhren auf das vor Ihnen stehende Fahrzeug auf und verursachten Sachschaden.	35,–		
Sie fuhren auf das vorausfahrende Fahrzeug auf und verursachten Sachschaden.	35,–		

(Auszug aus der Straßenverkehrsordnung)

2 a) *Was wird hier geregelt?*
b) *Sind diese Regelungen deiner Meinung nach notwendig? Begründe.*
c) *Von wem werden Verstöße gegen eines dieser Gesetze oder Verordnungen überwacht und durchgesetzt?*

3 *Gibt es an eurer Schule eine Schul- oder Hausordnung? Bist du mit den Regeln einverstanden oder würdest du etwas ändern?*

M 4 *Vielleicht habt ihr die Möglichkeit, einmal an einer Gerichtsverhandlung teilzunehmen. Mit welchen Mitteln verdeutlicht der Richter seine Autorität?*

Autorität und Widerstand (M)

Berlin in den 1950ern

Montagsdemo in Leipzig 1989

Solingen: Brandanschlag auf eine türkische Familie

Berlin: Lichterkette gegen Ausländerfeindlichkeit

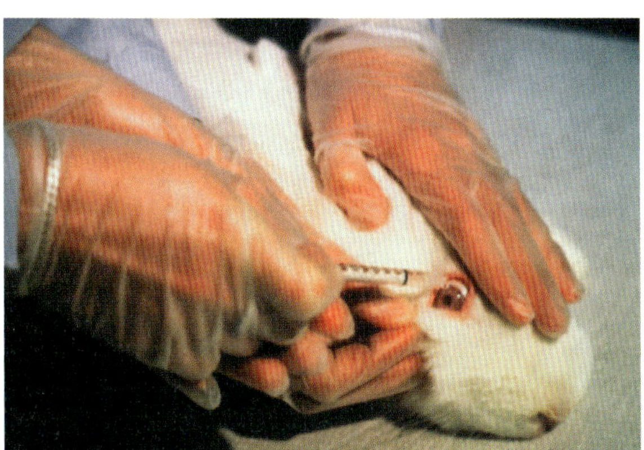
Tierversuch: Schleimhautverträglichkeitstest

Protest gegen Tierversuche

1 *Es gibt viele Ungerechtigkeiten in der Welt. Finde Beispiele. Dabei können dir die Bilder helfen.*

2 *Jeder Mensch sollte für das, was immer er tut, die Verantwortung übernehmen.*
   a) *Können für die abgebildeten Ungerechtigkeiten Verantwortliche festgestellt werden? Diskutiert über diese Problematik.*
   b) *Sind die verantwortlichen Personen „Autoritäten"?*

3 *Menschen wehren sich auf vielfältige Weise gegen solche Ungerechtigkeiten, z. B. durch Demonstrationen, Bürgerinitiativen* usw.*
Bestimmt gibt es auch Ungerechtigkeiten, über die du empört bist.
Entwirf einen Aufruf, mit dem du auf eine Ungerechtigkeit aufmerksam machen möchtest. Versuche damit, möglichst viele Menschen zu finden, die bereit wären, bei einer Aktion gegen … mitzumachen.

4 *Vielleicht seid ihr bei euren Diskussionen auf ein Problem gestoßen, gegen das ihr wirklich etwas unternehmen wollt. Sprecht mit euren Lehrern, ob sie eine Protestaktion unterstützen würden.*

Schülerdemo gegen den Walfang

Mein Verhältnis zu Autoritäten

Ich und Autorität

1 *Betrachtet jeden einzelnen dieser Gedanken unter den Gesichtspunkten:*

Wer? *Was?* *Wann?* *Warum?*

Wie? *Wodurch?* *Weshalb?* *...?*

Notiert in Stichpunkten. Besprecht eure Ergebnisse.

2 *Schreibe einen Brief an eine Person,*
- *mit der du z. B. einen Autoritätskonflikt hast;*
- *die du als Autorität anerkennst;*
- *der gegenüber du dich selbst autoritär verhalten hast.*

Schreibe auch an eine Autorität, die du kritisierst.

Autorität und Macht (M)

Der Führer spricht zu „seinem“ Volk

Terroranschlag auf das World Trade Center

1 *Der Führer spricht zu „seinem“ Volk.*
Wie schaffte es Hitler, so viele Menschen für seine Ideen zu gewinnen?

2 a) *Welche Ziele verfolgen Terrorgruppen? Diskutiert darüber.*
b) *Am 11. September 2001 wurde ein Terroranschlag auf das World Trade Center in New York verübt. Dabei starben ungefähr 3000 Menschen. Informiert euch über die politischen Hintergründe.*

3 *Wie wird in den oben dargestellten Situationen Macht ausgeübt?*

4 *Achtet auf aktuelle Berichte in den Medien, in denen durch Unterdrückung und Terror Macht auf Menschen ausgeübt wird. Berichtet in der Klasse darüber.*

Zwillingstöchter erstochen

Lebenslänglich für den Vater, der seine Kinder tötete

Wegen des Mordes an seinen beiden Zwillingstöchtern ist am Montag ein 38-jähriger Mann vom Landgericht Zwickau zu einer lebenslangen Freiheitsstrafe verurteilt worden. Das Gericht sah es als erwiesen an, dass Heiko M. aus der sächsischen Stadt Aue seine Kinder Nadine und Melanie mit Messerstichen umbrachte. Damit schloss sich das Gericht dem Antrag der Staatsanwaltschaft an, die eine lebenslange Haft gefordert hatte. Die Verteidigung hatte dagegen eine acht- bis zehnjährige Freiheitsstrafe wegen Totschlags gefordert. Dem Antrag der Mutter der beiden sechs Jahre alten getöteten Mädchen, die als Nebenklägerin auftrat, zusätzlich noch die besondere Schwere der Schuld festzustellen, folgte das Gericht aber nicht.

5 *Hier werden von verschiedenen Seiten unterschiedliche Forderungen gestellt.*
Notiert stichpunktartig.

6 *Am Schluss fällt eine Person die Entscheidung. Mit Recht? Diskutiert.*

Zum Nachdenken

Der Narr

Einst lebte ein Narr.
Er lebte lange herrlich und in Freuden. Allmählich gelangte jedoch das Gerücht zu ihm, er gelte überall als fader Narr.

Verwirrt und traurig überlegte er nun, was dagegen zu tun sei.
Plötzlich erhellte ein Gedanke seinen dunklen Verstand ...
Er verwirklichte sein Vorhaben sofort.

Als er auf der Straße einem Bekannten begegnete und dieser einen berühmten Maler zu preisen begann, rief er aus: „Was reden Sie da? ... Dieser Maler ist längst abgetan ... Wissen Sie es nicht? Das hätte ich nicht von Ihnen erwartet! Was sind Sie für ein rückständiger Mensch!“
Der erschrockene Bekannte stimmte sofort dem Narren zu.

„Was habe ich heute für ein herrliches Buch gelesen!“, sagte ein anderer Bekannter dem Narren.
„Aber ich bitte Sie!“, schrie der Narr. „Schämen Sie sich nicht? Dieses Buch ist gar nichts wert! Niemand schätzt es mehr! Wissen Sie das nicht? Was sind Sie für ein rückständiger Mensch!“
Auch dieser Bekannte erschrak und war sofort derselben Ansicht.

„Mein Freund N.N. ist ein wunderbarer Mann!“, versicherte dem Narren der dritte Bekannte. „Ein wahrhaft edler Charakter!“

„Himmel!“, rief der Narr aus. „Wie jeder weiß, ist N.N. ein gemeiner Kerl! Er hat doch seine ganze Verwandtschaft bestohlen! Wie kommt es, dass Sie es nicht erfahren haben? Was sind Sie für ein rückständiger Mensch!“

Der dritte Bekannte erschrak ebenfalls, stimmte ihm zu und sagte sich von seinem Freunde los ...
Und so kam es, dass der Narr immer wieder dasselbe antwortete, sobald etwas gelobt wurde. Manchmal fügte er auch vorwurfsvoll hinzu: „Und Sie glauben auch noch an Autoritäten?“

„Ein böser, gehässiger Mensch!“, hieß es nun über den Narren. „Aber welch ein Kopf!“

„Und was für eine scharfe Zunge!“, fügten andere Bekannte hinzu.
„O ja, er ist begabt!“

Schließlich bot ihm der Herausgeber einer Zeitung eine leitende Stelle als Kritiker an. Und nun unterzog der Narr alle und alles einer bissigen Kritik, ohne seine Ausdrucksweise oder seine entrüsteten Ausrufe zu ändern.

Jetzt war er – der einst Autorität schmähte – selbst eine Autorität, und die Jugend verging vor Ehrfurcht vor ihm – und fürchtete ihn auch.

Ja, wie sollten diese unglückseligen Jünglinge sich auch verhalten? Obwohl ja – unter uns gesagt – eine derartige Verehrung nie angebracht ist, blieb ihnen nichts anderes übrig. Wie sollten sie ihm nicht Ehrfurcht bezeigen? Liefen sie doch Gefahr, als rückständig zu gelten.

Ja, wie gut geht es Narren, wenn sie unter Feigen leben!

*Iwan S. Turgenjew**

1 *Wie erlangt der Narr Macht über seine Mitmenschen?*

2 *Ist der Narr eine Autorität?*

3 *Gibt es heute noch Narren?*

4 *Bist du feige?*

Überlege in Ruhe und versuche Begründungen für deine persönliche Meinung zu finden.

* **Turgenjew, Iwan Sergjewitsch (1818–1883):** Ein großer russischer Erzähler, der in Moskau und Berlin studierte. Die Denkmethode Hegels machte großen Eindruck auf ihn. Er klagte die Leibeigenschaft, die es damals in Russland noch gab, heftig an. Er wurde aufgrund seiner Äußerungen verbannt und lebte ab 1855 in Deutschland und Frankreich.

2 Arbeit, Leistung, Freizeit

So oder so … ?

Sinn und Grenzen des Arbeitens

Warum arbeiten wir?

Arbeit = mittelhochdeutsch „arebeit".
In früheren Jahren hatte es die Bedeutung von Not und Mühsal.
Arbeit ist Betätigung; körperliche oder geistige Tätigkeit des Menschen.

1 *Welche Tätigkeiten sind nach den Definitionen* ***Arbeit****?*

2 *Tragt in einem Gruppengespräch Gründe zusammen, warum Menschen arbeiten, und erstellt ein Cluster. Das Beispiel kann euch helfen.*

3 *Erläutert eure aufgeführten Gründe genauer.*

4 *Entfaltung von Begabung und Fähigkeiten ist ein Grund, warum Menschen arbeiten. Komm deinen eigenen Fähigkeiten auf die Spur.*

a) *Schau die nachfolgende Skala genau an und übertrage sie auf ein Blatt.*

Fähigkeiten	Beurteilung (von +5 = sehr gut bis –5 = sehr schwach)										
Gesundheit, Fitness	–5	–4	–3	–2	–1	0	+1	+2	+3	+4	+5
Mathematische Fähigkeiten	–5	–4	–3	–2	–1	0	+1	+2	+3	+4	+5
Sprachliche Fähigkeiten	–5	–4	–3	–2	–1	0	+1	+2	+3	+4	+5
Logisches Denken	–5	–4	–3	–2	–1	0	+1	+2	+3	+4	+5
Teamfähigkeit	–5	–4	–3	–2	–1	0	+1	+2	+3	+4	+5
Gewissenhaftigkeit	–5	–4	–3	–2	–1	0	+1	+2	+3	+4	+5
Ideenreichtum, Kreativität	–5	–4	–3	–2	–1	0	+1	+2	+3	+4	+5
Handwerkliches, künstlerisches Geschick	–5	–4	–3	–2	–1	0	+1	+2	+3	+4	+5

b) *Kreuze bei den Ziffern an, wie du dich in dem jeweiligen Bereich selbst einschätzt.*

c) *Bitte einen Freund/eine Freundin um seine/ihre Einschätzung deiner persönlichen Fähigkeiten.*

d) *Vergleicht eure Auswertungen und achtet dabei besonders auf Gemeinsamkeiten und Unterschiede in der Fremd- und Selbsteinschätzung.*

5 *Für viele Menschen ist die Arbeit auch ein Weg anerkannt zu werden.*

a) *Nimm dazu Stellung.*

b) *Stellt in der Klasse eine Rangliste der angesehenen Berufe auf und begründet eure Entscheidungen.*

In seiner Kurzgeschichte „Die Entscheidung" beschreibt Max von der Grün den Schweißer Egon Witty:

„Schön wird das sein, wenn ich erst Meister bin, ich werde etwas sein; denn jetzt bin ich nichts, nur ein Rad im Getriebc, das man auswechseln kann. Räder sind ersetzbar, nicht aber so leicht Männer, die Räder in Bewegung setzen und überwachen. Ich werde etwas sein, ich werde bestimmen, anordnen, verwerfen, begutachten, für gut befinden. Ich werde die Verantwortung tragen. Ich allein. Verantwortung? Ver-ant-wor-tung. ... ‚Meister', werden dann hundert Arbeiter zu mir sagen – oder Herr. Oder Herr Meister – oder Herr Witty. Wie sich das wohl anhört: Herr Witty, Meister. Er sprach es mehrmals laut vor sich hin."

6 *Was gefällt dem Schweißer bei der Vorstellung, Meister zu sein? Notiert in Stichpunkten.*

7 *Wenn Wittys Kollegen seine Gedanken lesen könnten, was würden sie von ihrem zukünftigen Chef wohl denken?*

Arbeit und Gesellschaft

8 *Ein Traum: Wohlstand* für alle – ohne Arbeit?*

Niemand kann bei uns alles zum Leben Nötige mehr selbst her- oder bereitstellen, wie das vor Jahrhunderten der Fall war. Wir leben heute in einer arbeitsteiligen Gesellschaft, in der jeder die Arbeit des anderen braucht. Die Beschäftigten stellen Grundstoffe her, produzieren Waren und Maschinen. Neben den Dingen des täglichen Lebens werden in unserer Gesellschaft auch soziale Einrichtungen durch Arbeit finanziert. Vom Lohn, den wir für unsere Arbeit bekommen, führen wir Steuern an den Staat ab. Dieses Geld nutzt er für die Erfüllung seiner Aufgaben, z. B. die Finanzierung von Schulen, Theatern, Krankenhäusern, Polizei usw.

9 *Vergleiche die Arbeit früher und heute.*

10 *Wieso ist die Gesellschaft von der Arbeitsleistung des Einzelnen abhängig? Finde Beispiele.*

11 *Der Staat nutzt die Steuern für die Erfüllung seiner Aufgaben. Erläutere die in der Grafik aufgeführten Aufgabenbereiche und finde weitere Beispiele.*

Herr Krug ist Kommunikationselektroniker in einem großen Industriebetrieb. Seit einigen Monaten beträgt seine tägliche Arbeitszeit regelmäßig zwischen 9 und 11 Stunden. An manchen Tagen kommt er nicht vor 19.00 Uhr nach Hause. Dann hat er 12 Stunden Arbeit hinter sich. Einigen seiner Kollegen ergeht es nicht anders. Die Betriebsleitung ist nicht bereit, zusätzliche Fachkräfte einzustellen, da sie fürchtet, dass sich die Auftragslage wieder verschlechtert.

Herr Becher war bis vor 10 Monaten im selben Betrieb wie Herr Krug beschäftigt. 5 Jahre arbeitete er in der Firma als Lagerarbeiter und wurde dann aufgrund von Rationalisierungsmaßnahmen arbeitslos. Computer ersetzen heute seine Arbeitskraft. Wegen mangelnder Fachkenntnisse konnte Herr Becher nicht anderweitig in seiner Firma eingesetzt werden. Bis jetzt ist es auch dem Arbeitsamt nicht gelungen, ihm eine neue Stelle zu vermitteln.

12 *Beide, Herr Becher und Herr Krug, sind in ihrer derzeitigen beruflichen Situation nicht zufrieden.*

13 *Ist die Arbeit ungerecht verteilt? Tauscht eure Meinungen aus.*

14 **a)** *Wertet die Statistik aus.*
b) *Erarbeitet in der Gruppe Möglichkeiten, wie Arbeitslosigkeit eurer Meinung nach auf Dauer reduziert werden kann.*
c) *Präsentiert eure Ergebnisse der Gruppe und diskutiert sie.*

Herrn Becher gehen – wie anderen Arbeitslosen auch – viele Gedanken durch den Kopf:
- „Das Geld reicht nicht."
- „Meine Schulden werden immer höher."
- „Ich komme mir überflüssig vor."
- „Freunde und Bekannte wollen nichts mehr mit mir zu tun haben."
- „Das Herumhocken zu Hause geht mir auf die Nerven."
- „Ich habe Angst vor der Zukunft."

15 **a)** *Welche anderen Probleme fallen euch noch ein, die Arbeitslose haben könnten?*
b) *Diskutiert die Behauptung: Wer arbeiten will, findet auch Arbeit.*

16 *Notiert in Stichpunkten Tipps, die Herrn Becher bei seiner Arbeitssuche helfen könnten.*

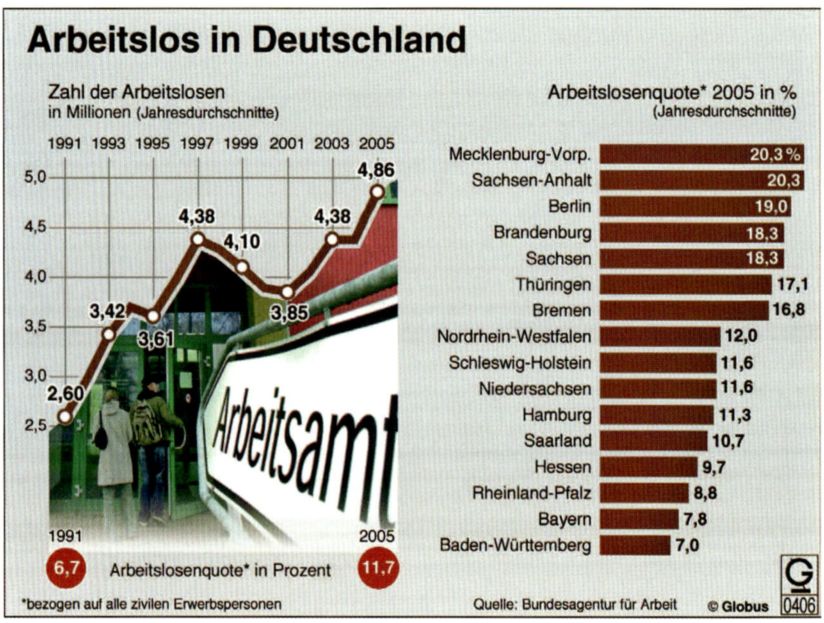

Grenzen der Leistungs- und Erfolgsorientierung

1 *Lest beide Texte durch.*

Elif (15 Jahre) und Julius (14 Jahre) besuchen die 9. Jahrgangsstufe einer Hauptschule:

Elif ist enttäuscht: Wieder hat sie in Englisch eine Vier bekommen. Ihr kommen beinahe die Tränen bei der Erinnerung daran, wie viele Stunden sie dafür gearbeitet hat. Fast noch schlimmer ist, wenn sie sich das Gesicht ihres Vaters vorstellt, wenn sie ihm die Note beichtet. Er erwartet gute Noten und hofft immer noch darauf, dass seine Tochter in eine M-Klasse aufgenommen wird und dann einen mittleren Bildungsabschluss an der Hauptschule macht. Elif weiß nicht, was sie falsch macht. Sie geht jeden Tag nach der Schule gleich nach Hause, setzt sich nach einer kurzen Mittagspause sofort an den Schreibtisch und arbeitet bis spät abends für die Schule. Sie hat kaum Zeit für ihre Freundinnen. Deswegen haben auch einige keine Lust mehr, sich mit ihr zu treffen. Jeden Morgen steht sie auf und ist todmüde, weil sie nachts immer wieder aufwacht und dann nicht mehr einschlafen kann. Obwohl ihre Mutter darauf achtet, dass sie regelmäßig isst, hat sie kaum Appetit und wird immer dünner. Sie hat das Gefühl, dass sie nicht mehr leisten kann und fragt sich immer wieder, ob sich dieser Aufwand überhaupt lohnt. Sie fürchtet sich schon vor der nächsten Mathematikprobe, weil sie schon ahnt, dass sie wieder nicht gut abschneidet ...

Julius kam aus der Realschule zurück in die 9. Klasse der Hauptschule, weil er dort den Anforderungen nicht gewachsen war. Es dauerte nicht lange und er fand gute Freunde, mit denen er sich nachmittags regelmäßig trifft. Julius ist sehr zufrieden. Er hat in Englisch eine Zwei geschrieben, obwohl die Englischlehrerin mal wieder gemeint hat, dass er noch besser sein könnte. Seine Eltern waren sehr enttäuscht, dass er die Realschule nicht geschafft hat. Sie trösten sich aber damit, dass er jetzt wieder gern zur Schule geht und dort gute Noten erzielt. Nachdem er keine Lust hat, zusätzlich zu den Hausaufgaben etwas zu arbeiten, beschränkt er sich darauf, dem Unterricht konzentriert zu folgen und sich engagiert zu beteiligen. Es ist ihm schon klar, dass er, wenn er mehr arbeiten würde, in einigen Fächern tatsächlich besser sein könnte. Doch er weiß auch, dass er mit seinem augenblicklichen Arbeitsaufwand einen guten Hauptschulabschluss schaffen wird ...

2 *Elif und Julius erleben die Schule ganz unterschiedlich. Erkläre!*

3 *Welche Erfahrungen machst du in der Schule? Geht es dir eher wie Elif oder wie Julius?*

4 **a)** *Elif gibt sich sehr viel Mühe, kann aber auch deswegen mit ihren Noten nicht zufrieden sein. Welche Tipps könntest du Elif geben, die ihr helfen?*
b) *Wie siehst du die Rolle von Elifs Eltern?*

5 **a)** *Julius hat in der Realschule versagt, geht jetzt aber wieder ganz gern in die Schule. Suche Gründe dafür.*
b) *Glaubst du, dass Julius mit seiner augenblicklichen Einstellung zur Arbeit einmal Erfolg im Beruf haben wird? Diskutiert darüber.*

In der 8. Klasse hat Elif ihr Betriebspraktikum als Kauffrau im Einzelhandel in einem Drogeriemarkt abgeleistet. Sie fand es spannend mit so vielen Artikeln umzugehen, war beeindruckt, dass Waren, z. B. Parfum, schön präsentiert wurden, und hat sich schon nach wenigen Tagen zugetraut Kunden zu beraten.
Die Leiterin des Drogeriemarktes war ganz begeistert von Elifs Auftreten und der Bereitschaft auch unangenehmere Arbeiten zu übernehmen. Elifs Mutter hat während dieser zwei Wochen ihre Tochter kaum wiedererkannt ...

6 *Im Betriebspraktikum ist Elif aufgeblüht. Was war anders als in der Schule?*

Der Hildesheimer Gymnasiast Sascha Haenel hat ein Verfahren ausgetüftelt, von dem er behauptet, dass sich damit die Übertragungsgeschwindigkeit zwischen Handys um den Faktor 500 steigern lasse. Es gibt zwar Zweifel, ob die Erfindung funktioniert, aber sein Programm für ein Handy-Notrufsystem hat der mehrfache „Jugend-forscht"-Sieger bereits für 127 823 Euro verkauft. „Ich bin zwar noch ein normaler Schüler", räumt er ein, „aber ich spiele diese Rolle nur noch." Ob Sascha wohl sein Abitur machen und studieren wird?

Benjamin Lebert ist 18 Jahre alt und sein Roman „Crazy" wurde verfilmt und in 27 Sprachen übersetzt. Er erklärt seinen Schulabbruch so: „Ich habe mir zu viele Gedanken gemacht, die nichts mit dem Unterricht zu tun haben." Jetzt hat er nicht einmal den Hauptschulabschluss. Doch er ist sich sicher, „dass ich durch mein Leben gehen werde".

Den Weg an Schule und Uni vorbei haben auch schon andere verfolgt: Joschka Fischer, Bill Gates, WDR-Intendant Fritz Pleitgen und der verstorbene „Spiegel"-Gründer Rudolf Augstein waren alle Studien- oder sogar Schulabbrecher.

Herr Bauer war 36 Jahre alt und leitender Angestellter bei einer großen Computerfirma. Sein Arbeitstag betrug 10–12 Stunden. Er war sehr häufig beruflich im Ausland tätig. Vor 5 Jahren bezog er mit seiner Familie ein schönes Haus am Stadtrand. Sein Haus konnte er nur selten genießen, da er auch in seiner wenigen Freizeit am Computer für seine Firma arbeitete. Im März vergangenen Jahres erlitt er einen tödlichen Herzinfarkt. Herr Bauer hinterlässt eine Frau und zwei Kinder.

Jedes Jahr melden sich im Bereich der Handwerkskammer Augsburg ca. 100–120 Gesellen zur Meisterschule an. Alle üben ihren Beruf schon einige Jahre äußerst gerne, mit Freude und erfolgreich aus. Alle möchten mit dem KFZ-Meisterbrief beruflich weiterkommen. Nicht jeder schafft die schwierige Prüfung vor der KFZ-Innung. Ungefähr 12–15 % bestehen die Abschlussprüfung nicht.

7 *In den obigen Beispielen standen Leistungs- und Erfolgsorientierung im Vordergrund. Die Hoffnungen haben sich nicht erfüllt. Erläutert diese Aussage.*
- „Mir ist egal, was aus den anderen wird, Hauptsache ich komme weiter."
- „Ich habe dafür gesorgt, dass die Sache bekannt wird. Jetzt ist sie beim Chef unten durch."
- „Wir leben in einer Ellenbogengesellschaft."
- „Nur Leistung zählt, wer da nicht mithalten kann, hat bei uns nichts verloren.

8 a) *Was erhoffen sich diejenigen, die solche Aussagen treffen?*
b) *Welches Ansehen genießen sie wohl bei ihren Vorgesetzten bzw. ihren Kollegen?*
c) *Versetze dich in die Situation der Opfer. Beschreibe ihre Gefühle.*

Menschenwürde und Leistung

Sozialgesetzbuch Neuntes Buch (SGB IX)
***Rehabilitation und Teilhabe behinderter Menschen** (Stand 23. 04. 2004)*

§ 71 Pflicht der Arbeitgeber zur Beschäftigung schwer behinderter* Menschen

(1) Private und öffentliche Arbeitgeber (Arbeitgeber) mit mindestens 20 Arbeitsplätze im Sinne des § 73 haben auf wenigstens 5 Prozent der Arbeitsplätze schwer behinderte Menschen zu beschäftigen. Dabei sind schwer behinderte Frauen besonders zu berücksichtigen.

§ 77 Ausgleichsabgabe

(1) Solange Arbeitgeber die vorgeschriebene Zahl schwer behinderter Menschen nicht beschäftigen, entrichten sie für jeden unbesetzten Pflichtarbeitsplatz für schwer behinderte Menschen monatlich eine Ausgleichsabgabe. Die Zahlung der Ausgleichsabgabe hebt die Pflicht zur Beschäftigung schwer behinderter Menschen nicht auf …

(Die Ausgleichsabgabe für einen unbesetzten Pflichtarbeitsplatz beträgt monatlich zwischen 105 und 260 Euro.)

1 **a)** *Warum gibt es dieses Gesetz?*
b) *Erfüllt das Gesetz deiner Ansicht nach seinen Zweck?*
2 *Sammelt Gründe, warum Arbeitgeber lieber Abgaben bezahlen als Behinderte einzustellen.*
3 *Grundgesetz Art. 3: Alle Menschen sind gleich. – Sind alle Menschen gleich?*

Im Einsatz für Schwache

Was tun die „Tafeln“?

Die „Tafeln“ sind gemeinnützige Vereine. Sie arbeiten selbstständig oder als Projekt von gemeinnützigen Trägern (z. B. Caritas, Rotes Kreuz, Diakonie …). Mehr als 200-mal gibt es diese Tafelarbeit in Deutschland – in den jeweiligen Orten immer in Verbindung mit dem Städtenamen, wie „Kieler Tafel“, „Augsburger Tafel“ usw.
Die „Tafeln“ geben Lebensmittel an bedürftige Menschen ab. Lebensmittel, die täglich beim Bäcker oder im Supermarkt übrig bleiben. Diese Lebensmittel werden von freiwilligen Helfern eingesammelt und direkt an bedürftige Menschen abgegeben. Obdachlose, Arbeitslose und Sozialhilfeempfänger können mit dieser Hilfe etwas besser leben.

Neuer „Tafelladen“ in der Gögginger Straße

Die „Augsburger Tafel“ wächst weiter: Am Mittwoch, 23. August, öffnet eine neue Ausgabestelle. Am Gebäude der Caritas können bedürftige Menschen jeden Mittwoch von 13 bis 15 Uhr Lebensmittel abholen. Der Verein möchte so den schon bestehenden „Tafelladen“ in der Augsburger Altstadt entlasten. Dort kommt es immer wieder zu Verkehrsproblemen. Zurzeit sind 74 Mitglieder und 32 Helfer ehrenamtlich für die „Tafel“ im Einsatz.

4 *Wird hier die Menschenwürde geachtet? Begründe!*

Ehrenamt und Schwarzarbeit (M)

Zwei Feuerwehrmänner

Franz K. ist 31 Jahre alt und arbeitet seit Jahren bei der Berufsfeuerwehr Regensburg. Sein Beruf ist sehr anstrengend, da er häufig im Schichtdienst arbeitet und auch nachts zu dringenden Einsätzen muss. Trotzdem ist er sehr zufrieden mit seiner Arbeit: „Wir haben ein prima Arbeitsklima, und auch das Gehalt stimmt."

Peter M. ist 23 Jahre alt und von Beruf KFZ-Mechaniker. Schon seit 8 Jahren ist er Mitglied der Freiwilligen Feuerwehr Oberhausen. Er trägt immer ein Funkrufgerät bei sich, mit dem er zu jeder Tages- und Nachtzeit zu dringenden Einsätzen gerufen werden kann. Natürlich ist es ihm auch manchmal lästig, vor allem, wenn er nachts raus muss. Aber grundsätzlich macht ihm diese Aufgabe sehr viel Spaß.

1 *Beide sind Feuerwehrmänner. Worin unterscheidet sich ihr Dienst?*

2 *Peter M. erhält kein Geld für seine Tätigkeit bei der Freiwilligen Feuerwehr. Notiert Gründe, weshalb er diese Arbeit trotzdem macht.*

3 *Welche anderen Bereiche kennt ihr, in denen Menschen unentgeltlich arbeiten? Notiert in Stichpunkten.*

Kampf gegen Schwarzarbeit

Schwarzarbeit fliegt in Deutschland öfter auf: Die Finanzkontrolle Schwarzarbeit hat im ersten Halbjahr 2005 Schäden in Höhe von 332 Millionen Euro aufgedeckt. Das sind laut Bundesfinanzministerium 40 Prozent mehr als noch im Vorjahr. Auch in Bayern führten die Behörden einen erfolgreichen Kampf gegen die Schattenwirtschaft und deckten Schäden in Höhe von 76,3 Millionen Euro auf. Schwarzgearbeitet wird nach Angaben der Finanzkontrolle vor allem auf dem Bau, im Transportwesen, aber auch in der Gastronomie.

4 *Was ist Schwarzarbeit?*

5 *Wann ist jemand ein Schwarzarbeiter?*

6 *Wer beschäftigt Schwarzarbeiter?*

7 *Weshalb ist der Staat gegen die Schwarzarbeit?*

Sinnvoller Umgang mit Freizeit

Freizeit – Freie Zeit wofür?

1 *Erstelle eine Tabelle, in die du einträgst, wie viele Stunden du täglich für bestimmte Bereiche deines Tagesablaufs brauchst.*

Wofür ich meine Zeit verwende				
Schule Hausaufgaben Lernen	Mithilfe im Haushalt Einkaufen Geschwister betreuen	Schlafen	Körperpflege Essen	Fernsehen Vereine Sport Computer Treffen mit Freunden
z. B.: 7 Stunden	1 Stunde	...	...	...

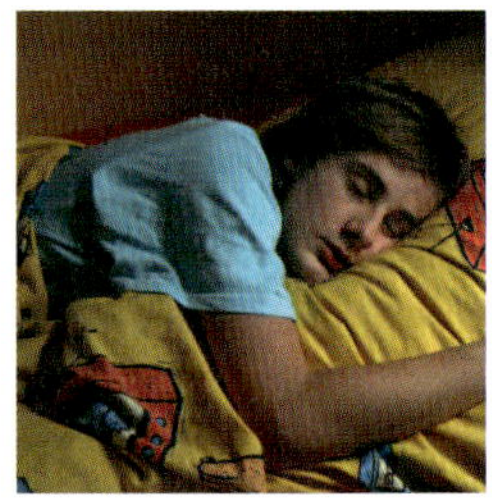

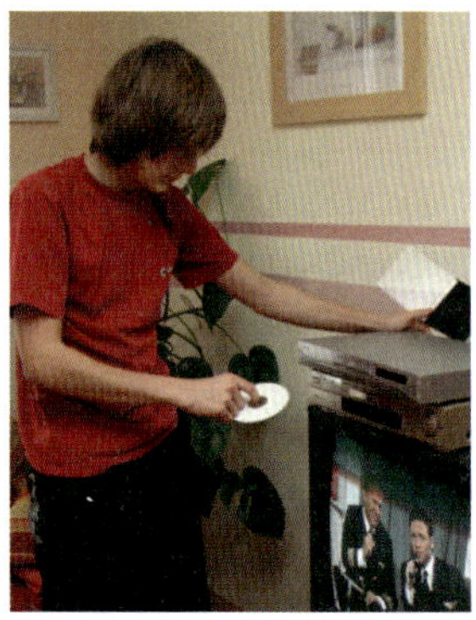

2 **a)** *Vergleiche deine Zeiteinteilung mit der deiner Mitschüler.*
b) *Wofür wendet ihr in eurem Alltag am meisten Zeit auf?*

3 *Erstelle ein Kreisdiagramm zu deiner Zeiteinteilung (360° ≙ 100% ≙ 24 Stunden). Markiere den Freizeitbereich farbig.*

4 *Hängt eure Kreisdiagramme an die Pinnwand im Klassenzimmer und vergleicht eure freien Zeiten.*

5 *Notiert auf Wortkarten, was ihr in eurer Freizeit macht und heftet sie zu den Kreisdiagrammen.*

6 *Wie geht es dir in deiner freien Zeit?*

Herr Doser erklärt: „Ich freue mich immer, wenn ich nach dem Wochenende wieder zur Arbeit gehen kann. Ich habe noch mehrere Wochen Urlaub gut, aber eigentlich brauche ich ihn gar nicht."

7 *Was glaubst du, wie Herrn Dosers Tagesablauf aussieht?*

8 *Freie Zeit scheint für Herrn Doser nicht wichtig zu sein. Finde mögliche Gründe dafür.*

Freie Zeit als Chance

Ein jegliches hat seine Zeit ...

Die Bibel, Prediger 2,3

ZEIT ...

ZEIT ist Geld

ZEIT verlieren

ZEIT vertrödeln

ZEIT nehmen

ZEIT haben

mit der ZEIT gehen

ZEIT genießen

ZEIT ...

1 *Beschreibt jeweils Alltagssituationen, zu denen diese Aussagen über „Zeit“ passen.*

2 *Notiert weitere Begriffe, die mit „Zeit“ zu tun haben, und ordnet auch diesen bestimmte Situationen zu.*

3 *Welche der Zeitbegriffe passen auch zur Freizeit? Erzählt dazu aus eurem Alltag.*

4 *Ihr habt bereits notiert, was ihr in eurer Freizeit macht.*
   a) *Erstellt mithilfe der Wortkarten eine Übersicht über eure Freizeitaktivitäten.*
   b) *Welches sind die häufigsten Nennungen?*
   c) *Welche eurer Freizeitaktivitäten könnt ihr einem der gefundenen Zeitbegriffe zuordnen? Diskutiert darüber.*
   Beispiel: LESEN ➪ Zeit vertrödeln, Zeit genießen …

5 *Wer von euch bringt seine besonderen Fähigkeiten in seine Freizeitaktivitäten ein? Denkt dabei an Sport, Musik, Kunst usw.*

6 *Vier Menschen haben sich zufällig dieselbe Parkbank ausgesucht. Kannst du dir vorstellen, was sie kurz vorher gemacht haben? Wie wirken die Menschen auf dich?*

7 *Es hat sich etwas verändert: vorher – nachher?*

8 *Im zweiten Bild fühlen sich die vier Personen offensichtlich wohler. Woran erkennst du dies? Worauf führst du das zurück?*

Gemeinsam etwas unternehmen

Aktion „Schülercafé"

Einige Schüler aus der 8. und 9. Jahrgangsstufe einer Hauptschule waren unzufrieden, weil sie keinen Raum hatten, in dem sie außerhalb der Unterrichtszeiten gemütlich zusammensitzen

konnten. Sie besprachen das Problem mit dem Verbindungslehrer und der Schulleitung. Die Rektorin bot ihnen daraufhin an, dass sie einen kleinen Raum im Keller umgestalten könnten.
Jetzt ging die Arbeit richtig los. Sie besprachen ihre Vorstellungen mit ihren Klassenlehrern, die sich zusammen mit der Rektorin um die Finanzierung kümmern wollten. Das Geld reichte nur für das notwendigste Material. Alle Arbeiten sollten die Schüler selbst ausführen. Der Hausmeister, der sich freute, dass die Schüler selbst etwas zur Hausgestaltung beitragen wollten, unterstützte sie tatkräftig. Die Planungsgruppe „Schülercafé" überlegte die notwendigen Schritte zur Renovierung und Verschönerung des Raumes. Jeder Schüler beteiligte sich in seiner Freizeit – je nach Können – an der Aktion: An vielen Nachmittagen wurden Wände ausgebessert, gestrichen, Vorhänge genäht, Schränke zusammengebaut, Türen bemalt ...
Obwohl die meisten Arbeiten in der Freizeit erledigt werden mussten, waren sich alle Schüler einig, dass es Spaß gemacht und sich wirklich gelohnt hatte. Die Eröffnung des Schülercafés wurde mit einem rauschenden Fest gefeiert.

Die Schüler sind glücklich über ihren Erfolg, und das Schülercafé findet großen Anklang. Die Planungsgruppe ist so motiviert, dass sie schon weitere Aufgaben verteilt hat:

- Dienstpläne für den täglichen Thekendienst im Café
- Essens- und Getränkeangebote überlegen
- Einkäufe erledigen
- Logo für das Schülercafé entwickeln
- „Schülercaféordnung"
- DJ-Pult einbauen ...

1 *Wie findet ihr die Idee, an der Schule ein Schülercafé einzurichten?*

2 *Eine solche Aktion erfordert immer auch viel Einsatz in der Freizeit. Begründe, warum du trotzdem dabei mitmachen würdest bzw. dich nicht beteiligen würdest.*

3 *Die Schüler, die das Schülercafé eingerichtet haben, sind in der 8. und 9. Jahrgangsstufe. Sie werden ihr Café gar nicht mehr so lange genießen können. Hat sich ihr Einsatz trotzdem gelohnt?*

4 *Während sich einige Schüler dort nie sehen lassen, gibt es auf der anderen Seite viele Jugendliche, die sich regelmäßig im Schülercafé aufhalten. Warum wohl?*

5 **a)** *Setzt euch in Gruppen zusammen und überlegt, welche Aktionen ihr in eurer Freizeit gemeinsam durchführen könntet.*
b) *Tragt eure Ergebnisse zusammen und diskutiert, welches der Vorhaben ihr tatsächlich planen und durchführen wollt.*

Zum Nachdenken

Anekdote zur Senkung der Arbeitsmoral

In einem Hafen an einer westlichen Küste Europas liegt ein ärmlich gekleideter Mann in seinem Fischerboot und döst. Ein schick angezogener Tourist legt eben einen neuen Farbfilm in seinen Fotoapparat, um das idyllische Bild zu fotografieren: blauer Himmel, grüne See mit friedlichen, schneeweißen Wellenkämmen, schwarzes Boot, rote Fischermütze. Klick. Noch einmal: klick, und da aller guten Dinge drei sind, und sicher ist, ein drittes Mal: klick. Das spröde, fast feindselige Geräusch weckt den dösenden Fischer, der sich schläfrig aufrichtet, schläfrig nach seiner Zigarettenschachtel angelt, aber bevor er das Gesuchte gefunden, hat ihm der eifrige Tourist schon eine Schachtel vor die Nase gehalten, ihm die Zigarette nicht gerade in den Mund gesteckt, aber in die Hand gelegt, und ein viertes Klick, das des Feuerzeuges, schließt die eilfertige Höflichkeit ab. Durch jenes kaum messbare, nie nachweisbare Zuviel an flinker Höflichkeit ist eine gereizte Verlegenheit entstanden, die der Tourist – der Landessprache mächtig – durch ein Gespräch zu überbrücken versucht.

„Sie werden heute einen guten Fang machen."

Kopfschütteln des Fischers. „Aber man hat mir gesagt, dass das Wetter günstig ist." Kopfnicken des Fischers.

„Sie werden also nicht ausfahren!"

Kopfschütteln des Fischers, steigende Nervosität des Touristen. Gewiss liegt ihm das Wohl des ärmlich bekleideten Menschen am Herzen, nagt an ihm die Trauer über die verpasste Gelegenheit.

„Oh? Sie fühlen sich nicht wohl?"

Endlich geht der Fischer von der Zeichensprache zum wahrhaft gesprochenen Wort über. „Ich fühle mich großartig", sagt er, „ich habe mich nie besser gefühlt." Er steht auf, reckt sich, als wollte er demonstrieren, wie athletisch er gebaut ist.

„Ich fühle mich phantastisch."

Der Gesichtsausdruck des Touristen wird immer unglücklicher, er kann die Frage nicht mehr unterdrücken, die ihm sozusagen das Herz zu sprengen droht:

„Aber warum fahren Sie dann nicht aus?"

Die Antwort kommt prompt und knapp.

„Weil ich heute Morgen schon ausgefahren bin."

„War der Fang gut?"

„Er war so gut, dass ich nicht noch einmal auszufahren brauche, ich habe vier Hummer in meinen Körben gehabt, fast zwei Dutzend Makrelen gefangen ..." Der Fischer, endlich erwacht, taut jetzt auf und klopft dem Touristen beruhigend auf die Schultern. Dessen besorgter Gesichtsausdruck erscheint ihm als ein Ausdruck zwar unangebrachter, doch rührender Kümmernis. „Ich habe sogar für morgen und übermorgen genug", sagt er, um des Fremden Seele zu erleichtern.

„Rauchen Sie eine von meinen?" – „Ja, danke."

Zigaretten werden in Münder gesteckt, ein fünftes Klick, der Fremde setzt sich kopfschüttelnd auf den Bootsrand, legt die Kamera aus der Hand, denn er braucht jetzt beide Hände, um seiner Rede Nachdruck zu verleihen.

„Ich will mich ja nicht in Ihre persönlichen Angelegenheiten mischen", sagt er, „aber stellen Sie sich mal vor, Sie führen heute ein zweites, ein drittes, vielleicht sogar ein viertes Mal aus, und Sie würden drei, vier, fünf, vielleicht gar zehn Dutzend Makrelen fangen ... stellen Sie sich das mal vor."

Der Fischer nickt.

„Sie würden", fährt der Tourist fort, „nicht nur heute, sondern morgen, übermorgen, ja, an jedem günstigen Tag zwei-, dreimal, vielleicht viermal ausfahren – wissen Sie, was geschehen würde?“

Der Fischer schüttelt den Kopf.

„Sie würden sich in spätestens einem Jahr einen Motor kaufen können, in zwei Jahren ein zweites Boot, in drei oder vier Jahren könnten Sie vielleicht einen kleinen Kutter haben, mit zwei Booten oder mit dem Kutter würden Sie natürlich viel mehr fangen – eines Tages würden Sie zwei Kutter haben. Sie würden ...“ Die Begeisterung verschlägt ihm für ein paar Augenblicke die Stimme. „Sie würden ein kleines Kühlhaus bauen, vielleicht eine Räucherei, später eine Marinadenfabrik, mit einem eigenen Hubschrauber rundfliegen, die Fischschwärme ausmachen und ihren Kuttern per Funk Anweisung geben. Sie könnten die Lachsrechte erwerben, ein Fischrestaurant eröffnen, den Hummer ohne Zwischenhändler direkt nach Paris exportieren – und dann ...“ wieder verschlägt die Begeisterung dem Fremden die Sprache. Kopfschüttelnd, im tiefsten Herzen betrübt, seiner Urlaubsfreude schon fast verlustig, blickt er auf die friedlich hereinrollende Flut, in der die ungefangenen Fische munter springen. „Und dann“, sagt er, aber wieder verschlägt ihm die Erregung die Sprache.

Der Fischer klopft ihm auf den Rücken, wie einem Kind, das sich verschluckt hat.

„Was dann?“, fragte er leise.

„Dann“, sagte der Fremde mit stiller Begeisterung, „dann könnten Sie beruhigt hier im Hafen sitzen, in der Sonne dösen – und auf das herrliche Meer blicken.“

„Aber das tu ich ja schon jetzt“, sagte der Fischer, „ich sitze beruhigt am Hafen und döse, nur Ihr Klicken hat mich dabei gestört.“ Tatsächlich zog der solcherlei belehrte Tourist nachdenklich von dannen, denn früher hatte er auch einmal geglaubt, er arbeite, um eines Tages einmal nicht mehr arbeiten zu müssen, und es blieb keine Spur von Mitleid* mit dem ärmlich gekleideten Fischer in ihm zurück, nur ein wenig Neid*.

Heinrich Böll

1 *Am Anfang fühlt sich der Tourist dem Fischer überlegen. Warum?*

2 *Am Ende der Unterhaltung empfindet der Tourist kein Mitleid mehr mit dem ärmlich gekleideten Fischer. Erkläre.*

3 *Wann empfindest du Neid?*

3 Verantwortung für das Gemeinwohl wahrnehmen

Verantwortung für das Gemeinwohl wahrnehmen?*

Verantwortung annehmen

Vernünftige Lebensführung

1 *Nenne von den abgebildeten Nahrungsmitteln drei, die du gerne magst.*

2 *Notiere ehrlich, was du gestern den ganzen Tag über alles gegessen hast. Vergleicht eure Notizen.*

3 *Setzt euch in sieben Gruppen zusammen.*
- **a)** *Jede Gruppe arbeitet für einen Wochentag einen ausgewogenen Ernährungsplan aus. Denkt dabei daran, was ihr in den letzten Jahren in HSB und in der 8. Klasse im Fach PCB dazu erfahren habt.*
- **b)** *Besprecht eure täglichen Ernährungspläne in der Klasse und ergänzt oder verändert sie, falls es notwendig ist.*
- **c)** *Versucht in Absprache mit eurer Familie, diesen Plan eine ganze Woche durchzuhalten.*

4 *Lest folgenden Zeitungsbericht:*

Übergewicht – eine chronische Krankheit
Ärzte besonders besorgt über dramatische Zunahme bei Kindern und Jugendlichen

München: Fast jeder zweite Deutsche ist übergewichtig; jeder fünfte ist sogar deutlich zu schwer. Übergewicht sei eine chronische Krankheit, werde aber gerade von den Betroffenen nicht als solche wahrgenommen, hieß es gestern bei einer Pressekonferenz im Rahmen der Jahrestagung der Deutschen Adipositas-Gesellschaft in München.

Die Gesellschaft befasst sich mit der Erforschung der Adipositas (Fettsucht), die mit zahlreichen Risikofaktoren unter anderem für Herz-Kreislauf-Erkrankungen in Verbindung steht. Bei der Vorbeugung und Behandlung von Übergewichtigen gelte es zum einen, die Fettaufnahme zu verringern sowie die Bewegung zu steigern, betonte der Präsident der Gesellschaft, Professor Johannes Georg Wechsler (München). Dass in Sachen Bewegung nicht unbedingt der Besuch im Fitnessstudio angesagt ist, sondern auch mit vermehrten Alltagsaktivitäten (wie Treppen steigen oder Rad fahren) viel erreicht werden kann, habe eine heute veröffentlichte Studie gezeigt.

Übergewicht hat zwar auch eine erbliche Komponente. Doch müssen Veranlagung und ungünstige Umwelteinflüsse zusammentreffen, damit es entsteht, betonte Professor Volker Pudel (Göttingen). Wer zwar die genetische Disposition zu Übergewicht habe, sich aber vernünftig ernähre und bewege, werde auch keine Fettsucht entwickeln.

„Extreme Sorgen" bereite den Medizinern die „dramatische Zunahme" des Übergewichts bei Kindern und Jugendlichen, so Wechsler. Professor Volker Schudziarra (München) sprach von einem „Chips- und Chips-Problem", hervorgerufen durch die Verbreitung von Mikrochips (etwa in Computern) und den dadurch verursachten Bewegungsmangel in Verbindung mir Kartoffelchips, also der reichlichen Zufuhr von Fett. Wer als Kind schon übergewichtig sei, werde mit großer Wahrscheinlichkeit frühzeitiger als andere die Folgeerscheinung der Fettsucht erleben, so Schudziarra. Dazu gehört die Zuckerkrankheit (Diabetes): So habe etwa in den USA der Typ 2-Diabetes (umgangssprachlich auch als „Alterszucker" bezeichnet) bei jungen Erwachsenen erschreckend zugenommen, berichtete der Arzt. Früher sei diese Erkrankung bei jungen Menschen eine Rarität gewesen.

Über die Hälfte der Bevölkerung ist deutlich übergewichtig.
Welche Ursachen werden dafür verantwortlich gemacht?

5 *Professor Wechsler spricht auch die mangelnde Bewegung an.*

a) *Bestimmt kennt ihr einige Fitnesstipps, die man leicht nachvollziehen kann. Sammelt und diskutiert eure Vorschläge.*

b) *Ergänzt euren Ernährungsplan, indem ihr für jeden Tag einfache „Bewegungs-Tipps" hinzufügt.*

6 *Der Autor spricht von einem „Chips- und Chips-Problem".*

a) *Erkläre mit eigenen Worten, was damit gemeint ist.*

b) *Überprüft bei euch selbst, was ihr im Laufe einer Woche vor dem Computer bzw. vor dem Fernseher esst.*

c) *Findet heraus, wie viel Kilokalorien (Kilojoule) die von euch dabei verzehrten Lebensmittel beinhalten. Wie viele Kalorien verbrennt der Körper in einer Stunde vor dem Fernseher? In einer Ernährungsberatungsstelle oder bei einer Krankenkasse könnt ihr dazu Auskunft erhalten.*

7 *Du hast für dich selbst die Verantwortung in deiner Lebensführung. Aber wir sind auch dafür verantwortlich, dass andere und vor allem die nachfolgenden Generationen ein lebenswertes Leben führen können. Ein Punkt dabei ist der sparsame Umgang mit der Energie und den Rohstoffen.*

a) *Was kann jeder Einzelne von uns dazu in der Schule beitragen?*

b) *Erstellt ein Plakat, auf dem ihr eure Mitschüler zu verantwortungsbewusstem Verhalten aufruft.*

c) *Auch in den privaten Haushalten kann viel getan werden. Diskutiert eure Vorschläge mit eurer Familie. Vielleicht lässt sich ein Teil davon verwirklichen?*

Leichtsinn hat Folgen

Amokfahrer soll acht Jahre in Haft

Antrag der Staatsanwaltschaft

München: Im Prozess um den tragischen Verkehrstod einer jungen Mutter in München hat die Staatsanwaltschaft am Mittwoch acht Jahre Haft für den 24-jährigen Angeklagten gefordert.

Der Mann hatte sich am Abend des 20. Juli mit zwei Freunden eine Wettfahrt geliefert. An einer Kreuzung missachtete er eine rote Ampel, erfasste mit seinem Pkw die 33 Jahre alte Mutter von zwei Kindern und schleuderte sie 40 Meter durch die Luft. Der Prozess hatte bundesweit für Aufsehen gesorgt, weil erstmals in einem derartigen Verfahren die Anklage auf Totschlag lautete. Die Staatsanwaltschaft wich in ihrem Plädoyer von diesem Vorwurf aber ab und wertete den Vorfall als fahrlässige Tötung und gefährlichen Eingriff in den Straßenverkehr. Nebenklage und Verteidigung schlossen sich dem Strafantrag der Staatsanwaltschaft an. Das Urteil soll am Donnerstag gesprochen werden.

Erwiesenermaßen hatte der Autofahrer beim Anblick der Fußgängerin sein Tempo von mindestens 95 Stundenkilometern nicht gedrosselt.

Der Fall liege an der Grenze zwischen bewusster Fahrlässigkeit und bedingtem Tötungsvorsatz, sagte der Staatsanwalt.

1 *Das Autorennen in der Innenstadt sollte die Krönung eines gelungenen Diskoabends sein. Kannst du dir vorstellen, wie dieses Gespräch ablief, das zu dem Rennen führte? Spielt die Situation nach.*

2 *Die Familie war auf dem Heimweg, sie hatte den Abend bei Verwandten verbracht. Die Eltern und ihre beiden Kinder waren in fröhlicher Stimmung. Kannst du dir auch hier vorstellen, über welche Themen sich die Familie gerade unterhalten hat?*

3 *Eine Familie verlor die Ehefrau und Mutter. Schicksal?*

4 *Der Unfallverursacher wurde hart bestraft (lebenslanger Führerscheinentzug und 8 Jahre Haft).*
a) *Seid ihr mit dem Urteil einverstanden? Diskutiert in der Klasse.*
b) *Hat der Fahrer damit seine Schuld gesühnt?*

5 *Stell dir vor, du wärst an diesem Diskoabend mit der Gruppe von jungen Leuten beisammen gewesen und hättest die Diskussion miterlebt.*
a) *Wie hättest du reagiert?*
b) *Mit welchen Argumenten hätte man dieses Rennen möglicherweise verhindern können?*

6 *Meistens kommt man in einer Clique nicht gut an, wenn man bei einer so leichtsinnigen „Mutprobe" nicht mitmachen will. „Memme", „Baby", „Angsthase", „Kleinkind" sind da noch freundliche Ausdrücke, die man dann zu hören bekommt.*
a) *Überlegt gemeinsam, wie man in so einer Situation sachlich und souverän reagieren kann.*
b) *Übt mögliche Verhaltensweisen in Rollenspielen ein.*

Ist das Gewalt?

Humorlos

Die Jungen
werfen
zum Spaß
mit Steinen
nach Fröschen
Die Frösche
sterben
im Ernst

Erich Fried

1 *Spaß oder Gewalt? Begründet eure Meinungen.*

2 *Diskutiert über das, was ihr auf den Bildern seht.*

3 *Die Fotos wurden bei Kämpfen im Gaza-Streifen aufgenommen. Palästinenser gehen mit Steinwürfen gegen die Israelis vor. Israelische Soldaten bekämpfen die palästinensischen Jugendlichen. Diese Gewalttätigkeiten flammen hier immer wieder auf.*

a) *Kennst du solche Verhaltensweisen auch in Deutschland oder in deinem Umfeld? Überlege mit deinem Partner.*

b) *Diskutiert in der Gruppe die gefundenen Beispiele.*

Lest die folgenden Beispiele und diskutiert, ob es sich dabei um Gewalt handelt.*

1 Ein Vater gibt seinem kleinen Sohn einen Klaps auf den Po, damit dieser endlich folgt.

2 Im Schulhaus wird auf einer Namensliste hinter den Namen eines Schülers eine üble Beschimpfung geschmiert.

3 Karin erfährt, dass Elli, die mal ihre beste Freundin war, Unwahrheiten über sie verbreitet.

4 Im Bus wird die Sporttasche von Susi johlend durchgereicht. Susi versucht vergeblich wieder an ihre Tasche zu kommen.

5 Beim Pausenverkauf drängen die älteren Schüler die jüngeren immer wieder weg, um schneller dranzukommen.

6 Eine Klasse stört bewusst den Unterricht eines Fachlehrers, um Gaudi zu haben.

7 Im Sportunterricht foult ein Schüler, um Vorteile für seine Mannschaft zu erreichen.

8 In den Toiletten werden immer wieder die Wände beschmiert und die Türgriffe abgeschraubt.

9 Ein Schüler bezeichnet seinen Mitschüler als „Spasti“.

10 Ein Lehrer gibt Ibo eine Schulaufgabe mit einer schlechten Note zurück. Er sagt zu ihm: „Mach weiter so!“

11 Ibo kommt nach Hause und zeigt die schlechte Probearbeit. Seine Mutter sagt dazu: „Besser kannst du es wohl nicht?!“

12 Beim Elternsprechabend sagt Peters Vater, dass der Lehrer seinem Sohn doch einfach auch einmal eine Ohrfeige geben soll, wenn er nicht spurt.

4 *Teile die Fallbeispiele nach folgenden Kriterien ein: Gewalt gegen Menschen – Gewalt gegen Sachen – Gewalt mit Worten.*

5 *Karin kommt am Nachmittag nach Hause und berichtet ihrer Mutter heulend, dass Elli Lügen über sie erzählt. Ihre Mutter meint: „Lass dir das nicht gefallen!“ Was kann Karin tun?*

6 a) *Schau dir die folgenden Handlungsmöglichkeiten auf den Wortkarten an.*

Verschiedene Möglichkeiten zu handeln

MIT GLEICHER MÜNZE HEIMZAHLEN

GESPRÄCHE FÜHREN

HILFE BEI ERWACHSENEN SUCHEN

NICHT BEACHTEN

UNERWARTETES TUN

ÜBERTRIEBEN REAGIEREN

WITZIG REAGIEREN (DEM ANDEREN DEN WIND AUS DEN SEGELN NEHMEN)

b) *Karin tritt gegen die Tasche von Erkan, als dieser in der Pause das Klassenzimmer verlässt. Bildet 7 Gruppen. Jede Gruppe übernimmt eine der Handlungsmöglichkeiten und überlegt sich, wie Erkan reagieren könnte.*
Stellt die verschiedenen Handlungsmöglichkeiten in einem Rollenspiel dar. Diskutiert die Reaktionen.

Wie Bernd und Frieder miteinander reden

Bernd: Geh mir mal aus dem Weg!
Frieder: Warum?
Bernd: Weil du mir im Weg stehst.
Frieder: Aber du kannst doch an mir vorbeigehen. Da ist eine Menge Platz.
Bernd: Das kann ich nicht.
Frieder: Warum?
Bernd: Weil ich geradeaus gehen will.
Frieder: Warum?
Bernd: Weil ich das will. Weil du jetzt mein Feind bist.
Frieder: Warum?
Bernd: Weil du mir im Weg stehst.
Frieder: Darum bin ich jetzt dein Feind?
Bernd: Ja. Darum.
Frieder: Und wenn ich dir aus dem Weg gehe, bin ich dann auch noch dein Feind?
Bernd: Ja. Weil du dann ein Feigling bist.
Frieder: Was soll ich denn machen?
Bernd: Am besten, wir verkloppen uns.
Frieder: Und wenn wir uns verkloppt haben, bin ich dann auch noch dein Feind?
Bernd: Ich weiß nicht. Kann sein.
Frieder: Dann geh ich dir lieber aus dem Weg und bin ein Feigling.
Bernd: Ich hab gewusst, dass du ein Feigling bist. Von Anfang an hab ich das gewusst.
Frieder: Wenn du es schon gewusst hast, warum bist du dann nicht an mir vorbeigegangen.

Peter Härtling

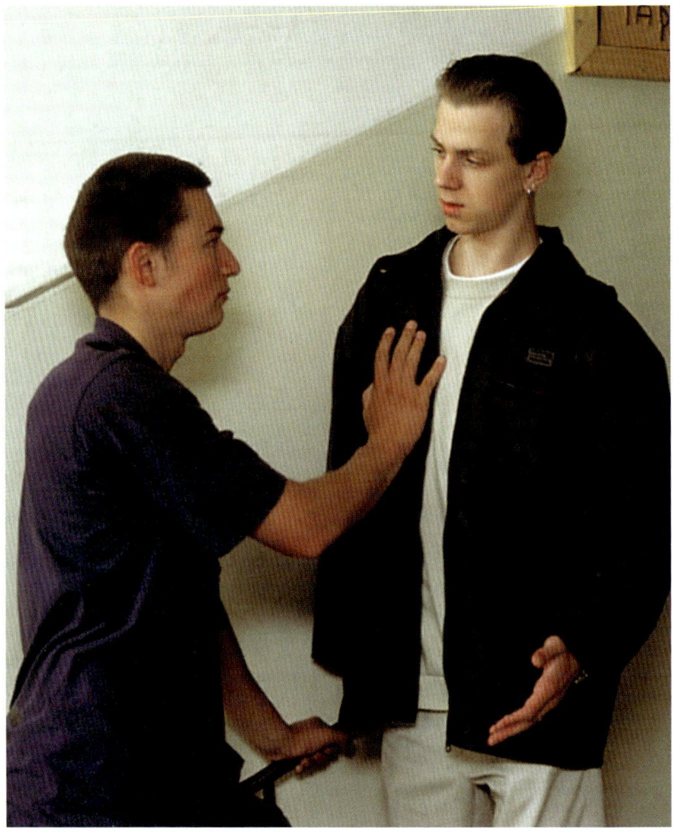

7 *Lest die Geschichte mit verteilten Rollen.*

8 *Beschreibt die Verhaltensweisen der beiden Jugendlichen. Wie stellst du dir Bernd und Frieder vor?*

9 *Könnt ihr euch diese Situation vorstellen?*
Hast du dich jemals in einer vergleichbaren Situation befunden? Erzähle.

Auch eine Möglichkeit ...

In einigen Schulen gibt es Schüler, die gelernt haben, bei Streitigkeiten unter Mitschülern Konfliktlösungen zu finden. Sie nennen sich Schlichter und machen unter Anleitung eines erfahrenen Lehrers eine Schlichterausbildung. Diese Ausbildung dauert mehrere Wochen und schließt mit einer Prüfung ab. Jessica berichtet aus ihrem Schlichteralltag:

„Ich bin Jessica. Vor 3 Jahren habe ich die Ausbildung als Schlichterin gemacht. Wir haben gelernt, wie man aktiv zuhört, sich in andere hineinversetzt, Lösungen ohne Verlierer finden kann ..."

„In der Pause stehen zwei von uns Schlichtern bei diesem Zeichen. Wir haben einen Dienstplan für die ganze Woche. Die Schüler können zu uns kommen. Wir gehen aber auch auf streitende Schüler zu und bieten eine Schlichtung an."

„Wir haben ein kleines ‚Schlichterzimmer'. Dorthin ziehen wir uns mit den Streitenden zurück und schlichten nach einem Plan, den wir gelernt haben. Wir haben Schweigepflicht. Das bedeutet, dass wir über die Themen und die Schüler nicht mit anderen reden. Unsere Ausbilder unterstützen und begleiten uns, mischen sich aber nicht ein."

„Ich habe in den 3 Jahren schon sehr viele Schlichtungen durchgeführt. Wir sind im Schulhaus von Schülern und Lehrern anerkannt. Unser Engagement hat viel gebracht, denn viele Schüler kommen bereits zu uns, bevor sie aufeinander losgehen. Außerdem schätzen unsere Mitschüler, dass sie Probleme auch mal mit Gleichaltrigen besprechen können. Vielleicht verstehen wir manches besser als die Erwachsenen."
(Hinweis: Informationen zu Schüler-Streitschlichtern findet ihr unter www.schule.bayern.de und auf Homepages von Schulen.)

Gerechtigkeit, Solidarität, Hilfe

Arm und Reich

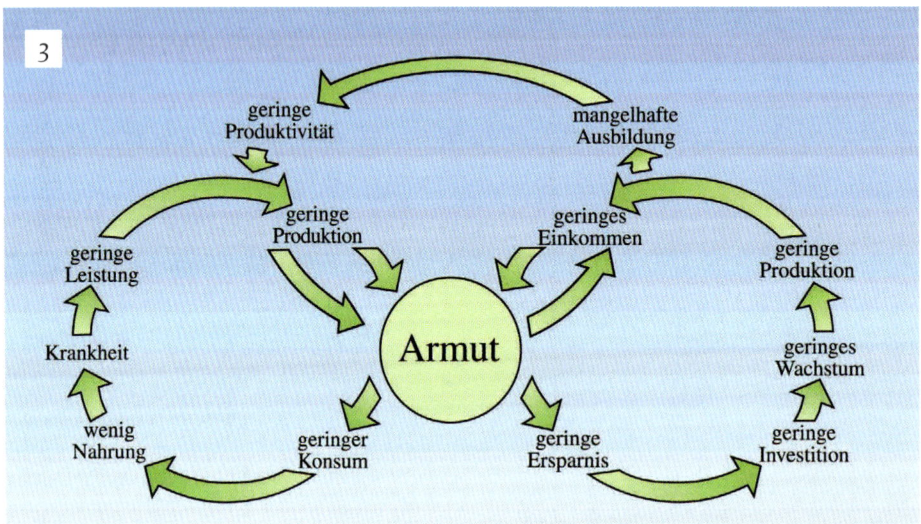

Es gibt Länder auf unserer Erde, in denen ein Großteil der Bevölkerung in gänzlicher Armut* lebt.

1 *Beschreibe die Situation der Menschen auf Bild 1 von Seite 48.*
2 *Zeige mithilfe der Grafik 3 auf Seite 48 mögliche Zusammenhänge auf.*
3 *Der Reiche in Mexiko hat diese Probleme aber nicht.*
4 *Gibt es Armut auch in Deutschland?*

Wohnungslose in Deutschland (Stand: 2004)

Insgesamt (ohne Aussiedler/innen)	292.000
Davon Männer	160.600
Davon Frauen	67.160
Davon Kinder und Jugendliche	64.240
Wohnungslose Aussiedler/innen	53.000

5 *Überlegt gemeinsam: Was ist für euch „reich“; was ist für euch „arm“?*

„Menschen für Menschen“

Hilfe für Äthiopien

Seit der Schauspieler Karlheinz Böhm 1981 in der Fernsehsendung „Wetten, dass ...“ Geld für ein Hilfsprojekt „Menschen für Menschen“ in Äthiopien sammelte, widmet er sein Leben und seine ganze Arbeitskraft den Menschen in einem der ärmsten Länder der Welt.

„Menschen für Menschen“ betreibt in Äthiopien eine Vielzahl von unterschiedlichen Projekten. Wasserstellen, Brunnen, Baumschulen, Krankenstationen und Krankenhäuser gehören ebenso dazu wie Schulen, Kinder- und Jugendeinrichtungen, Ausbildungsstätten für Landwirte und die dringend benötigten handwerklichen Berufe. Auch Straßen und Brücken werden gebaut, um während der Regenzeit den Zugang zu den Märkten zu sichern.

Dabei gilt immer der Grundsatz: Hilfe zur Selbsthilfe – den Menschen eine Chance geben, sich selbst eine Existenz aufbauen zu können.

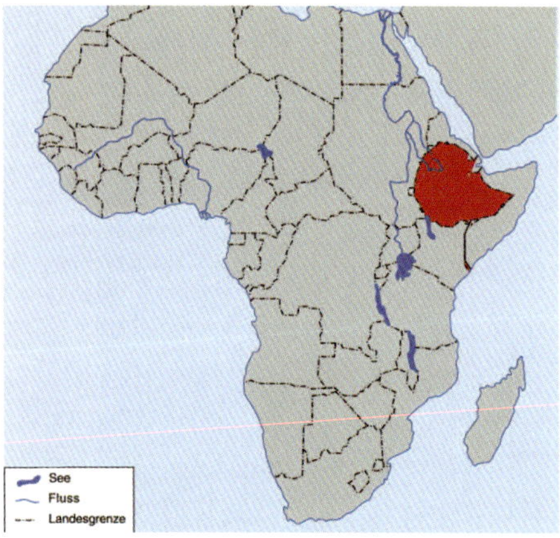

Äthiopien

Ein Schulprojekt in Äthiopien

Kinder an einer Quellfassung

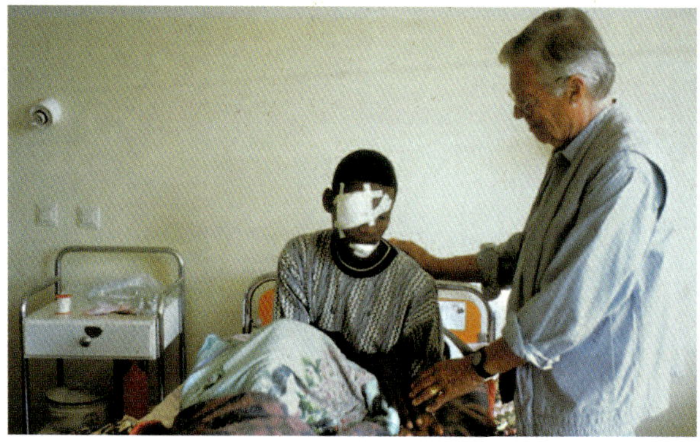

Karlheinz Böhm am Krankenbett eines Unfallopfers

Setzlinge in einer Baumschule

6 *Weltweit werden Entwicklungshilfeprojekte* wie das oben vorgestellte geplant und durchgeführt.*
  a) *Welche Ziele verfolgen Projekte wie das von Karlheinz Böhm?*
  b) *Nenne Lebensbereiche, an denen zeitgemäße Entwicklungshilfe einsetzen müsste. Finde Beispiele und begründe.*

7 *1995 gab die Bundesrepublik Deutschland 7,48 Milliarden US-Dollar für Entwicklungshilfe aus. Diskutiert darüber.*

8 *Obwohl es eigentlich genug Nahrung auf der Welt gibt, leiden immer noch 800 Millionen Menschen an Hunger und Unterernährung. Versuche, diese Tatsache näher zu erklären.*

Mitgestalten in Gesellschaft und Politik

Verantwortung übernehmen

Der Basketballplatz in einem Wohnviertel einer Großstadt ist für alle dort wohnenden Jugendlichen frei zugänglich. Ein Wohncontainer steht seit dem Umbau einiger Wohnungen

direkt am Rand dieses Platzes. Nach Anfrage einiger Jugendlichen stellt die Stadt ihnen den Container zur Verfügung, unter der Auflage, dass sie für seine Gestaltung, Möblierung und Öffnungszeiten selbst verantwortlich sind. Ein gewisser finanzieller Zuschuss soll von Seiten der Stadt gestellt werden. Nach mehreren Treffs stellt sich unter den Jugendlichen eine Gruppe von 10 Engagierten heraus, die die Sache in die Hand nehmen wollen. Die restlichen ziehen es vor, ihre Freizeit „weniger anstrengend" zu verbringen.
Nach 4 Wochen legt das Organisationsteam bei einer einberufenen Versammlung einen Plan zur Vorgehensweise, Finanzierung und Gestaltung des Containers vor. Massive Einwände gegen die Gestaltungsvorschläge kamen von seiten der „Untätigen". Andere hatten überhaupt keine Meinung dazu geäußert, wollten aber auch keine Aufgaben übernehmen.
Es kam ...

1 *Schreibe diese Geschichte zu Ende.*

2 *Beschreibe die hier genannten Jugendlichen.*

3 *Wo siehst du dich? Begründe.*

4 *Welche Beweggründe hatten deiner Meinung nach die zehn Jugendlichen für ihr Engagement?*

5 *Die Jugendlichen führen das Projekt auf jeden Fall durch. Erarbeitet in Gruppen dafür Pläne.*

6 *Welche Fähigkeiten und Fertigkeiten benötigen die zehn Jugendlichen zur Umsetzung der Planung?*

7 *Welche Chance bietet sich für die zehn Jugendlichen bei ihrer Unternehmung?*

8 *Stellt die erarbeiteten Pläne der Klasse vor. Versucht sie von eurer Idee zu überzeugen und überredet weitere Jugendliche an dieser Sache mitzuarbeiten.*

Einsatz für andere

1 *Was ist ein Ehrenamt*?*

2 *Berichte von ehrenamtlicher Arbeit in deinem Umfeld.*

3 *Wie würde es sich auswirken, wenn niemand mehr bereit wäre, ehrenamtlich zu arbeiten?*

Martin aus Frankfurt lebt für die Freiwillige Feuerwehr

[...] Als etwas Besonderes empfindet er seine Freizeitbeschäftigung nicht („andere Leute haben auch Hobbys, wo sie sich ganz stark einbringen") – trotzdem: „Es ist schon heiß, wenn man nachts um drei mit Blaulicht durch Frankfurt fährt."

[...] Martin lebt bei seinen Eltern. Der Vater ist Malermeister, die Mutter Sekretärin an einer Schule. 1989 hat Martin die Realschule abgeschlossen und danach eine Elektronikerlehre bei Siemens. Jetzt studiert er an der Fachhochschule Elektrotechnik. „Die Technik allgemein interessiert mich. Das 'Rumbasteln' hat schon ziemlich früh angefangen." Die Technik und die „roten Autos" seien auch das Lockmittel für die Jugendfeuerwehr gewesen. „Es ging mir damals nicht um die Ideale, die man vielleicht jetzt hat. Es ging mir nicht darum, zum Beispiel jemandem zu helfen." Auch heute sieht er sein ehrenamtliches Engagement illusionslos: „Wir sind ein Dienstleistungsbetrieb. Auf Knopfdruck sind wir da."

Natürlich sei es schön, gelobt zu werden. „Anerkennung können Worte sein, Anerkennung kann ein Auf-die-Schulter-Klopfen von einem erfahrenen Feuerwehrmann sein, Anerkennung kann eine Beförderung sein."

„Anerkennung durch Beförderung" – auf dieser Karriereleiter ist Martin in den vergangenen Jahren weit nach oben gekommen. Bei der Freiwilligen Feuerwehr im Frankfurter Stadtteil Rödelheim war er mit 16 Jugendgruppensprecher, inzwischen ist er Jugendwart, Mitglied im Stadtjugendfeuerwehrausschuss und Chefredakteur der Jugendzeitschrift Löschblatt.

[...] Man darf die Feuerwehr nicht als paramilitärische Vereinigung sehen, weil Uniform getragen wird und alles geregelt abläuft." Die Uniform sei „mehr eine Schutzkleidung". Und natürlich müssten die Männer das machen, „was derjenige, der da vorne steht, sagt". Denn: „Man kann ein Feuer nicht ausdiskutieren." Vorschriften, Regelungen und eine Befehlsgebung sind für Martins Leben wichtig – „es kann nicht jeder machen, was er will". [...] Ohne Feuerwehr, sagt er, würde ihm im Leben etwas fehlen.

4 *Martin ist 24 Jahre und fast die Hälfte seines Lebens bei der Freiwilligen Feuerwehr.*

a) *Anerkennung zu bekommen ist für ihn nicht unwesentlich. Erkläre genauer.*

b) *Ohne Feuerwehr, sagt er, würde ihm im Leben etwas fehlen. Versuche diese Aussage mit eigenen Worten zu erklären.*

5 *Kannst du dir vorstellen, dich, wie Martin, für eine ehrenamtliche Tätigkeit so zu begeistern? Begründe deine Haltung.*

6 *In welchen Bereichen möchtest du tätig sein bzw. bist du es bereits? Besprecht es in der Gruppe.*

7 *Überlegt euch in der Gruppe Möglichkeiten, wie ihr innerhalb der Schule ehrenamtlich tätig werden könntet.*

Mitverantwortung in der Politik

A Agnes, 25 Jahre:
„Mich interessiert Politik überhaupt nicht. Das geht mich doch alles gar nichts an."

B Ludwig XIV. („Sonnenkönig"):
„Der Staat bin ich!"

C Artikel 20 GG:
„Sie (die Staatsgewalt*) wird vom Volk in Wahlen und Abstimmungen ausgeübt."

D Karsten, 16 Jahre:
„Ich warte schon darauf, dass ich auch mal wählen darf. Mein Vater sagt auch immer, dass man unbedingt zur Wahl gehen soll."

E Am 15. Februar 2006 streiken rund 30.000 Beschäftigte des öffentlichen Dienstes.

F In der Demokratie* gilt der Satz:
„Der Wähler überträgt Herrschaft auf Zeit."

1 *Besprecht in Gruppen, was mit den obigen Aussagen gemeint ist. Vergleicht und diskutiert eure Ergebnisse.*

2 *Versucht den Begriff „Demokratie" mit eigenen Worten zu erklären.*

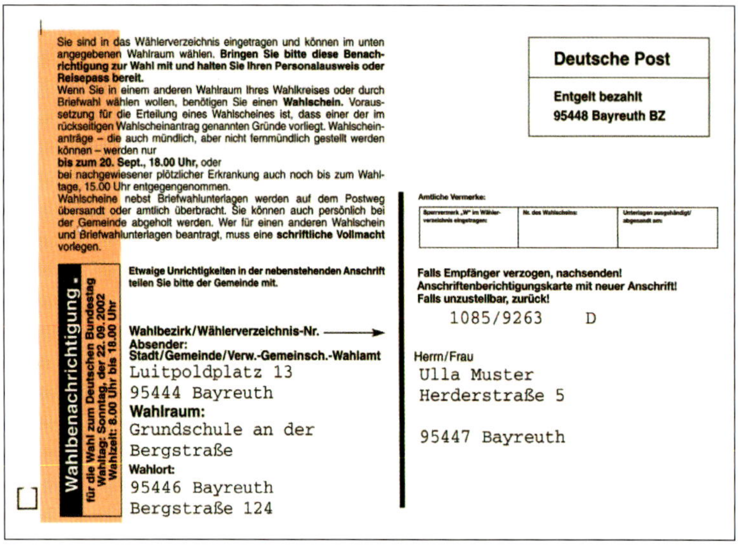

Sie sind in das Wählerverzeichnis eingetragen und können im unten angegebenen Wahlraum wählen. **Bringen Sie bitte diese Benachrichtigung zur Wahl mit und halten Sie Ihren Personalausweis oder Reisepass bereit.**
Wenn Sie in einem anderen Wahlraum Ihres Wahlkreises oder durch Briefwahl wählen wollen, benötigen Sie einen **Wahlschein.** Voraussetzung für die Erteilung eines Wahlscheines ist, dass einer der im rückseitigen Wahlscheinantrag genannten Gründe vorliegt. Wahlscheinanträge – die auch mündlich, aber nicht fernmündlich gestellt werden können – werden nur
bis zum 20. Sept., 18.00 Uhr, oder
bei nachgewiesener plötzlicher Erkrankung auch noch bis zum Wahltage, 15.00 Uhr entgegengenommen.
Wahlscheine nebst Briefwahlunterlagen werden auf dem Postweg übersandt oder amtlich überbracht. Sie können auch persönlich bei der Gemeinde abgeholt werden. Wer für einen anderen Wahlschein und Briefwahlunterlagen beantragt, muss eine **schriftliche Vollmacht** vorlegen.

Wahlbenachrichtigung
für die Wahl zum Deutschen Bundestag
Wahltag: Sonntag, der 22.09.2002
Wahlzeit: 8.00 Uhr bis 18.00 Uhr

Etwaige Unrichtigkeiten in der nebenstehenden Anschrift teilen Sie bitte der Gemeinde mit.

Wahlbezirk/Wählerverzeichnis-Nr. →
Absender:
Stadt/Gemeinde/Verw.-Gemeinsch.-Wahlamt
Luitpoldplatz 13
95444 Bayreuth
Wahlraum:
Grundschule an der
Bergstraße
Wahlort:
95446 Bayreuth
Bergstraße 124

Deutsche Post
Entgelt bezahlt
95448 Bayreuth BZ

Amtliche Vermerke:

Sperrvermerk „W" im Wählerverzeichnis eingetragen:	Nr. des Wahlscheins:	Unterlagen ausgehändigt/abgesandt am:

Falls Empfänger verzogen, nachsenden!
Anschriftenberichtigungskarte mit neuer Anschrift!
Falls unzustellbar, zurück!
1085/9263 D

Herrn/Frau
Ulla Muster
Herderstraße 5

95447 Bayreuth

Kai: „Meine Eltern haben gestern die Wahlbenachrichtigung zur Bundestagswahl bekommen. Ich bin gespannt, wie die Wahl am Sonntag ausgeht."
Florian: „Die Wahlplakate dazu – die gehen mir schon lange auf den Geist! Das hat doch alles keinen Sinn. Die Politiker machen doch sowieso was und wie sie wollen. Ich kann da doch überhaupt nichts machen. Die erhöhen sich selbst die Diäten, und dafür gibt's für den Bürger wieder eine Steuererhöhung. Wir können in der Politik doch überhaupt nicht mitreden ..."

Kai: „Das seh ich ganz anders. Die meisten schimpfen nur auf die Politik, jammern, dass sie keinen Einfluss haben, und wissen überhaupt nicht, dass es da schon einige Möglichkeiten gibt ..."

3 *Welcher Meinung würdest du dich eher anschließen können. Begründe mit Beispielen.*

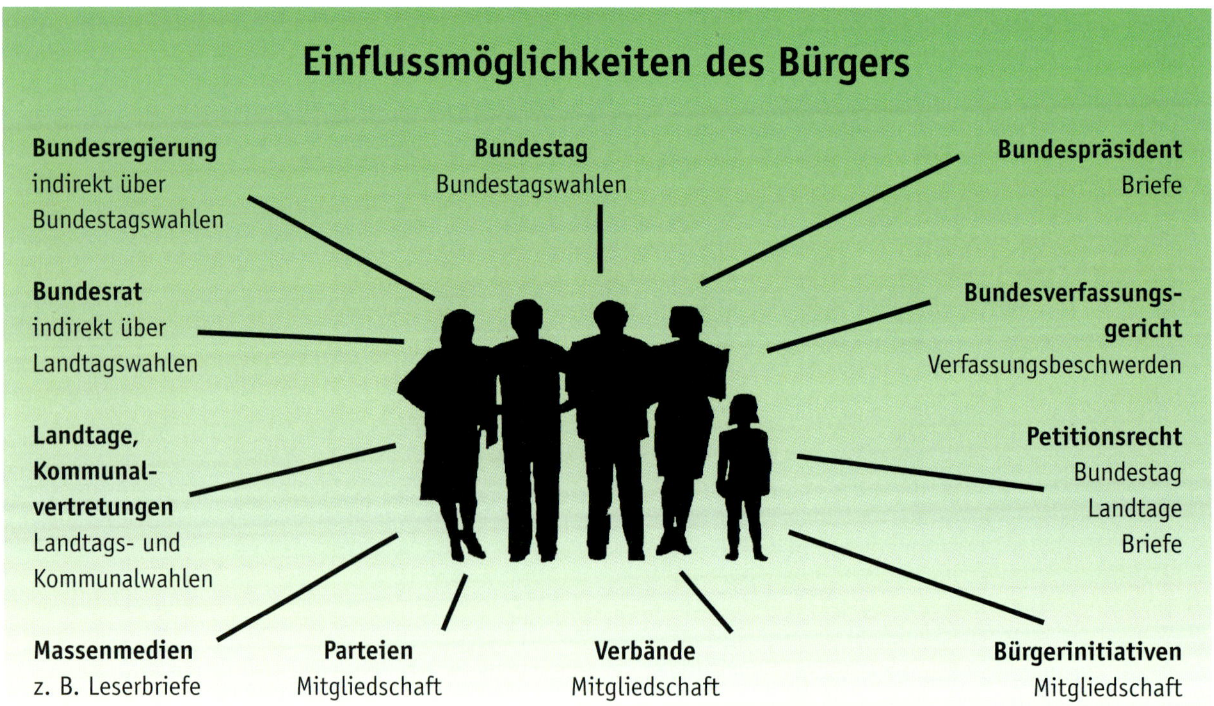

4 *Besprecht die Möglichkeiten der Bürger. Welche würdet ihr vielleicht nutzen?*

GG Art. 38,1:
(1) Die Abgeordneten des Deutschen Bundestages werden in allgemeiner, unmittelbarer, freier, gleicher und geheimer Wahl gewählt.

5 *Erläutere jeweils mit Beispielen, was die Wahlgrundsätze bedeuten.*

6 *Nicht in allen Staaten gelten diese Grundsätze.*
a) *Welche Beispiele kennst du, wo demokratische Wahlen nicht garantiert sind?*
b) *Verfolge in den Medien aktuelle Wahlberichte und achte auf die fünf Wahlgrundsätze.*

7 *Aus dem Unterricht in GSE kennt ihr bestimmt die Begriffe „aktives und passives Wahlrecht". Schlagt im Grundgesetz nochmals die entsprechenden Artikel nach und diskutiert sie.*

8 *Kannst du dir vorstellen, dich einmal als Kandidaten bei einer Wahl zur Verfügung zu stellen?*

Die Umgehungsstraße

In der Stadt W. soll eine neue, vierspurige Umgehungsstraße gebaut werden. Die Diskussion über das Für und Wider zieht sich nun schon einige Jahre hin. Viele Bürger und Berufspendler würden sich nach der Fertigstellung täglich lange Staus an den Ausfallstraßen ersparen. In einigen engen Straßen hat der „Schleichverkehr" bereits enorme Ausmaße angenommen.
Aber auf der anderen Seite bringt die Umgehungsstraße auch erhebliche Nachteile. Die Wohngebiete vieler Bürger werden von der breiten Straße durchschnitten und ein beliebter Weg in ein nahe gelegenes Waldgebiet wird zerstört. Diese Punkte führen zu heftigen Kontroversen unter den Bürgern. Die Vorteile der einen sind die Nachteile der anderen ...

9 *Sammelt Argumente für die Gruppe der Anwohner bzw. der Pendler. Diskutiert die Argumente und ordnet sie nach ihrer Gewichtung.*

10 *Stell dir vor, du bist Stadtrat oder Stadträtin in der Stadt W. Beide Interessensgruppen wollen dich mit ihren Argumenten überzeugen.*
Wie würdest du in einem solchen Fall entscheiden?

Zum Nachdenken

Das Bonbon

1 „Hast du ein Bonbon?“ – Er stand da und sah mich mit großen Augen an, erwartend, was ich antwortete.

Der Tag hatte angefangen wie jeder andere Tag auch, seit ich in dieser für mich noch immer fremden Stadt war. Erst spätmorgens war ich aufgewacht, hatte mich wieder einmal daran gewöhnen müssen, dass die Wohnung menschenleer war, und die Leere der Zimmer war auf mich übergegangen.

Eine Zigarette angesteckt, gewaschen, rasiert, angezogen. Beim Rasieren ein fremdes Gesicht im Spiegel gesehen und mit der zweiten Zigarette zum Frühstückstisch gegangen, der, wenn man alleine an ihm sitzt, die Lust zum Essen nimmt. Anschließend war ich einkaufen gegangen. Einkäufe, die ich gar nicht brauchte, sammelten sich in meiner Tasche. Die Hoffnung, irgendwen zu treffen, der ein kurzes „Hallo“ ruft, hatte sich nicht erfüllt. Zum Mittagessen war ich wieder zu Hause gewesen, hatte aber auch auf die zweite Mahlzeit wegen fehlenden Appetits verzichtet, mich lieber auf mein Bett geworfen, um Musik zu hören. Nach einer Weile hatte ich beschlossen, irgendetwas anderes zu machen. So war ich also losgegangen. Irgendwann fand ich mich im Park wieder und setzte mich auf eine Bank, um dort, die vom Wind geschüttelten Bäume betrachtend, den Tag an mir vorbeiziehen zu lassen.

Und nun stand da dieser kleine Kerl, sah mich mit seinen großen Augen an und wartete auf ein Bonbon. Ich hatte keines und sagte: „Warte hier mal ’nen Moment. Ich hol dir eins. In Ordnung?“

„In Ordnung“, sagte er mit froher Miene. Ich sprang von der Bank auf und lief los, um einen Kiosk zu suchen. Ich glaube, ich bin in meinem ganzen Leben noch nicht so schnell gelaufen wie in diesen Minuten, in denen ein kleiner Junge auf ein Bonbon von mir wartete. Schließlich fand ich einen Kiosk. „Zweifuffzig macht's“, sagte die Frau hinter der Theke. Ich warf ihr einen Schein hin, weiß heute nicht einmal mehr, was für einen, sagte „Stimmt so“ und lief zurück.

Er war weg. Einfach weg. Ich setzte mich auf die Bank, vor der er eben noch gestanden hatte, und beschloss, in Zukunft öfter in den Park zu kommen. Aber nie mehr ohne Bonbons. Deshalb sitze ich hier mit einer Bonbontüte in der Hand und schaue in den Himmel.

Joachim Kaps

1 *„Allein sein“: Ein Begriff mit verschiedenen Bedeutungen?*

2 *Seine Hoffnungen sind Menschen. Beschreibe.*

3 *Das Kind – der Retter?*

4 *Viele Menschen in unserer Gesellschaft sind allein – freiwillig und unfreiwillig.*

4 Partnerschaft von Mann und Frau

Frauenfeindlich?

Mann und Frau

Gleichberechtigung*?

A) Cornelia Goethe

Goethes Schwester ist 15 Monate jünger als ihr Bruder Johann Wolfgang. Der Vater bietet Sohn und Tochter anfangs die gleiche umfassende Ausbildung. Cornelia lernt neben verschiedenen Sprachen, Geschichte und Religion auch Klavierspiel und Gesang. Zwischen den Geschwistern besteht eine enge Beziehung. Später ändert sich dies: Der Bruder mäkelt an Cornelia herum, er weist sie „auf die um ihr Geschlecht gezogenen Grenzen hin", er bestimmt, was sie lesen darf und was nicht. Als Jugendliche versucht Cornelia, sich gegen die Einschränkungen und Diskriminierungen zu wehren, nach und nach resigniert sie. Sie heiratet mit 23 Jahren und wird unmittelbar nach der Hochzeit krank. Sie verfällt zunehmend in Apathie und Depressionen und stirbt mit 27 Jahren.

B) Erfolgreicher Manager

C) Hausfrau und Mutter

D) „Dienen lerne beizeiten das Weib ..."

„Schon der Anblick des weiblichen Geschlechts lehrt, dass das Weib weder zu großen geistigen noch körperlichen Arbeiten bestimmt ist. Es trägt die Schuld des Lebens nicht durch Thun, sondern durch Leiden ab, durch die Wehen der Geburt, die Sorgfalt für das Kind, die Unterwürfigkeit* unter den Mann, dem es eine geduldige und aufheiternde Gefährtin seyn soll. [...] Je edeler und vollkommener eine Sache ist, desto später und langsamer gelangt sie zur Reife. Der Mann erlangt die Reife seiner Vernunft und Geisteskräfte kaum vor seinem achtundzwanzigsten Jahre; das Weib mit dem achtzehnten ..."

(meinte Arthur Schopenhauer, deutscher Philosoph (1788–1860)

E) Im Matriarchat* stehen Frauen an der Spitze gesellschaftlicher Gruppen. Die kleinste gesellschaftliche Einheit ist der Clan*. Eine Vater-Mutter-Kind(er)-Familie gibt es nicht, die Ehe ist unbekannt. Die Erbfolge* läuft über die Frauen (Erbrecht).
Es werden Mutter-Frauengottheiten verehrt, männliche Götter* sind unbekannt.

F) Super-Frau

1 *Beschreibt, was in den Bildern und Texten dargestellt bzw. angesprochen ist.*

2 *Sucht eine andere Überschrift, die über dieser Seite stehen könnte.*

M 3 *Es sind hier unterschiedliche Männer- und Frauenrollen dargestellt. Betrachtet die Texte und Bilder unter den folgenden drei Gesichtspunkten:*
- *Zeit*
- *Mann, Frau*
- *Kultur*

Was stellt ihr fest? Notiert in Stichpunkten.

4 *Welche Gedanken gehen dir während der Betrachtung durch den Kopf? Nimm zu jedem der Bilder und Texte Stellung. Notiere.*

5 *Diskutiert in getrennten Mädchen- und Jungengruppen über die Aussagen und eure Meinungen dazu. Haltet eure Ergebnisse aus den jeweiligen Gruppen in Stichpunkten z. B. auf einem Plakat fest.*

6 *Tauscht eure Meinungen und Argumente in Form einer Podiumsdiskussion aus. Ein Schüler oder eine Schülerin sollten die Aussagen protokollieren.*

Info Podiumsdiskussion*:
Eine Expertengruppe sitzt herausgehoben und diskutiert mit einem Diskussionsleiter über ein bestimmtes Thema. Aus der Zuhörergruppe können Fragen an die Experten gestellt, eigene Meinungen vorgebracht werden usw.

7 *Stellt alle eure Behauptungen auf einem Blatt übersichtlich zusammen. Befragt anschließend Mitschüler zu diesen Aussagen. Stellt auch diese Antworten nach Geschlechtern getrennt zusammen. Was antworten Mädchen, was Jungen? Gibt es Unterschiede zu eurer eigenen Klasse?*

Frauen – Männer

A) Frauen müssen sich um die Erziehung der Kinder kümmern.
B) Männer haben die Verantwortung fürs Geld.
...

M **8** *Es gibt in vielen Orten Expertinnen und Experten für geschlechtsspezifische Fragen. Oft sind es Frauenbeauftragte in Gemeinden oder Fachleute in Gleichstellungsstellen, bei Gewerkschaften, Betriebsräte in Firmen usw. Befragt auch solche Experten zu den Themen „Frauenrolle – Männerrolle", „Gleichberechtigung" usw.*

Bildung und Erziehung von Mädchen

Die Erziehung von Mädchen und jungen Frauen orientierte sich bis in die Mitte der 60er-Jahre weitgehend an einem traditionellen Rollenbild. Das bedeutete eine besondere Betonung der Vorbereitung auf die Hausfrauen- und Mutterrolle. Im Allgemeinen wurde eine gute Schul- und Berufsausbildung der Mädchen nicht als das wichtigste Ziel bei der Erziehung angesehen. Dieses vorherrschende Verständnis hat sich inzwischen geändert. Die Mädchen selbst äußern den Wunsch, dass sie Beruf und Familie miteinander vereinbaren wollen.

Im Bereich der allgemein bildenden Schulen hat sich das Bildungsniveau von Mädchen in den letzten Jahren weiter verbessert. Ungefähr 50 % der Schüler, die jährlich das Abitur machen, sind derzeit junge Frauen.

Nicht ganz so positiv wie im Bereich der Schulbildung ist es um die Berufsausbildung bestellt. Mädchen und junge Frauen haben im Durchschnitt die besseren Schulabschlüsse, begegnen aber bei der Suche nach einem Ausbildungsplatz immer noch größeren Schwierigkeiten als Männer und haben auch die schlechteren Chancen des beruflichen Aufstiegs.

Außerdem fällt auf, dass 75 % aller Mädchen Ausbildungsplätze in nur 20 von derzeit 375 möglichen Ausbildungsberufen, nämlich solchen, die als typisch weiblich angesehen werden, wählen. Hierzu gehören insbesondere die Verkäuferin, Friseurin, Arzthelferin, die Büro-, Industrie- und Bankkauffrau. Dieses Berufswahlverhalten der Mädchen hat zur Folge, dass die Aussichten auf eine Beschäftigung und auf eine berufliche Weiterentwicklung häufig schlechter als bei Jungen sind. Dagegen besteht bereits heute in vielen gewerblich-technischen Berufen ein Facharbeitermangel, der sich künftig noch verstärken wird. Der Bedarf an Facharbeitern wird sich nicht ausschließlich durch Männer decken lassen, sodass in diesem Bereich gute Ausbildungs- und Berufschancen für Mädchen vorhanden sind.

9 *Lies den Text durch und notiere die Aussagen, die dir am wichtigsten erscheinen.*

10 *Welches sind die Ausbildungsberufe, die ihr nach dem Schuljahr gerne ergreifen würdet?*

11 *Vergleicht die Aussagen aus dem Text mit euren eigenen Erfahrungen und dem, was ihr in eurer Familie oder in eurem Freundeskreis erlebt habt.*

Traummann – Traumfrau

1 *Die neue Rolle des Männergeschlechts? Ist das jetzt der Traummann?*

2 *DEIN Traummann/DEINE Traumfrau … Formuliert eure eigenen Wünsche und Vorstellungen einer Partnerschaft. Vergleicht eure Notizen mit der Realität.*

3 *Natürlich muss jedes Paar und jede Familie individuelle Lösungen suchen. Versucht jedoch, aus den Ergebnissen eurer Gespräche eine allgemeine Vorstellung des partnerschaftlichen Lebens zu entwickeln. Schreibt eure Ergebnisse auf.*

4 *Ihr habt euch jetzt gemeinsam viele Gedanken zur Rolle von Mann und Frau, zur Partnerschaft, Lebensplanung usw. gemacht. Jeder Mensch hat dazu seine eigenen Wünsche, Gefühle, Gedanken.*

- **a)** *Schreibe in Ruhe deine persönlichen Vorstellungen auf. Stecke den Text in einen Umschlag und verschließe ihn.*
- **b)** *Überlege dir einen sinnvollen Zeitpunkt, an dem du deinen Text nochmals anschauen möchtest.*
- **c)** *Du kannst deinen Umschlag auch einer Person deines Vertrauens geben. Sie wird den Text lesen und dir darauf schriftlich antworten. Der Inhalt der Briefe darf natürlich nicht weitererzählt werden!*

Er sucht ihn

„Magst du Joop lieber als meinen Bruder?“, fragt Dini.

„Schwer zu sagen“, meint Helma. „Ich bin zwar ein bisschen in deinen Bruder verknallt gewesen, aber ich weiß natürlich nicht, ob das immer noch so ist. Ich hab ihn ja lange nicht mehr gesehen.“

Dini sucht in ihrer Schulmappe. Aus dem Etui holt sie ein Passfoto ihres Bruders. „Hier, das kannst du haben“, sagt sie.

Helma jauchzt. Dann sieht sie sich das Foto an. „Ui, hier sieht er ja bescheuert aus“, meint sie, „aber ich krieg schon wieder dieses warme Gefühl im Bauch, das schon ...“

„Wie ist das?“, fragt Dini.

„Na ja, so ein Gekribbel im Bauch. Manchmal, wenn du etwas von deinem Bruder erzählst, zum Beispiel, dass er Schlagzeuger ist, dann ist es so, als läge ein Stein in meinem Magen. Es ist so ein schweres, komisches Gefühl. Das zieht bis zu den Ohren hinauf. Und dann möchte ich, dass du immerzu weitererzählst von ihm, weil das merkwürdige Gefühl dann bleibt, und das mag ich so gern.“

„Mensch“, sagt Dini, „also dann bin ich verliebt in dich. Das Gefühl hab ich nämlich immer, wenn du erzählst. Dann möchte ich, dass du nicht mehr aufhörst. Und dann sehe ich dich immerzu an und möchte gar nichts anderes mehr. Einmal hatte ich das, als du von deinem Traum erzählt hast, weißt du noch? Und wenn du von deiner Schwester erzählst, dann ist es auch immer da. Manchmal auch zu Hause, wenn ich daran denke, was wir gemeinsam gemacht haben.“

Helma hat die Augen zu kleinen Schlitzen zusammengekniffen. Sie sagt nichts, sieht Dini nur ganz ernst an.

„Ich weiß nicht, ob das geht, verliebt sein in eine Freundin“, meint sie schließlich.

M. Bloem

1 *Wie wird im Text „Verliebtsein“ beschrieben?*

2 *Du bist verliebt. Helma hat „so ein Gekribbel im Bauch“. Wie ist es bei dir, wenn du verliebt bist?*

3 *Wer ist in dieser Geschichte eigentlich in wen verliebt?*

4 *Dini erkennt erst im Laufe des Gesprächs, dass sie in ein Mädchen verliebt ist.*

Ein Text aus einem Lexikon:

*Homosexualität**

nennt man die sexuelle Anziehung durch und sexuelle Betätigung mit Personen des eigenen Geschlechts.

Einstellung (Haltung) gegenüber Homosexualität

In westlichen Gesellschaften sozial ablehnend, in schriftlosen Stammeskulturen vorwiegend akzeptiert; männliche Homosexualität unter Erwachsenen nur noch in einer Länderminderheit der Welt strafbar, vorwiegend ideologisch begründet. In der internationalen wissenschaftlichen Diskussion sind Anhänger der Freigabe der Homosexualität seit langem eindeutig in der Majorität (= Mehrheit).

Vorkommen

In den USA haben ca. 4 % der Erwachsenen weißen Männer ausschließlich homosexuelle Kontakte, ca. 37 % hatten nach der Pubertät mindestens eine homosexuelle Beziehung; [...] bei Frauen sehr viel seltener.
Im Jugendalter sind vorübergehende homosexuelle Kontakte unter Männern weit verbreitet [...]

Ursachenforschung

Ursachen der H. sind immer noch umstritten; gegenwärtig sind drei Entstehungstheorien der H. in der Diskussion:
- Biologisch orientierte Theorien: H. beruht auf erfahrungsunabhängigen biologischen Gegebenheiten.
- Psychosozial orientierte Theorien: H. ist umweltbedingt, also erfahrungsabhängig, wird erworben.
- Konvergenztheorie: Der H. liegt eine biologische Disposition zugrunde.

Therapie

Moderne Auffassungen gehen davon aus, dass H. eine Variante normaler Sexualität ist, deren Therapie in einer Hilfe zur Selbstakzeptierung des Homosexuellen besteht und nicht in einem therapeutischen Umpolungsversuch zu heterosexuellen Verhaltensweisen.

5 a) *Wie wird Homosexualität erklärt?*
b) *Welche Ursachen für Homosexualität werden diskutiert?*
c) *Kennst du andere Erklärungsversuche?*

6 *Wie ist der augenblickliche Stand der Forschung?*
Sprich mit deinen Mitschülern darüber.

7 *Klaus und Peter heiraten am 17. Oktober. Wie stehst du dazu?*

Werbung – wofür?

In unserem Alltag sind wir fast ständig von Werbung umgeben. Frauen und Männer spielen darin eine bedeutende Rolle. Weiblichkeit und Männlichkeit werden in der Werbung oft klischeehaft* dargestellt. In allen Medien kann eine sexorientierte Darstellung von Mann und Frau beobachtet werden.

Klischee: franz., das: -s, weit verbreitete Meinung, abgedroschene Redensart; klischeehaft, die Klischeevorstellung

1 *Klärt im Gespräch und mithilfe von Nachschlagewerken unbekannte Begriffe.*

2 *Diskutiert in der Klasse Beispiele, in denen die Werbung klischeehaft und sexorientiert arbeitet.*

3 *Findet (evtl. in Gruppen) Beispiele aus Illustrationen für Werbung, in der mit Männern bzw. Frauen für ein bestimmtes Produkt geworben wird. Wofür wird geworben?*
Welche Rolle hat die Frau/der Mann dabei?

4 *Schreibt die Titel der täglich ausgestrahlten Talkshows auf verschiedenen Sendern im Laufe einer Woche heraus. Welche Themen „passen" zu unserem Unterrichtsthema? Wie wird über diese Themen gesprochen?*

5 *Nehmt mithilfe eines Videorecorders im Fernsehen verschiedene Werbespots auf, in denen Männer bzw. Frauen klischeehaft dargestellt sind.*

Die Menge des produzierten pornografischen* Materials und dessen Verbreitung hat sich auch aufgrund moderner Techniken und Übertragungsmittel (z. B. Internet) in den letzten Jahren vervielfacht. Berichte über international operierende Zuhälterringe, Frauen- und Mädchenhandel, Sextourismus und Kinderprostitution haben immens zugenommen.

6 *Klärt die euch unbekannten Begriffe. Bei manchen Begriffen hilft euch vielleicht ein Wörterbuch.*

7 *Tauscht eure Meinungen zu dieser Thematik aus.*

8 *Besorgt euch Info-Material über Kinderprostitution in verschiedenen Beratungsstellen, z. B. amnesty international, Kinderschutzbund, sonstige soziale Beratungsstellen, und aus dem Internet. Wertet die Materialien aus, sodass ihr die wichtigsten Informationen weitergeben könnt.*

9 *Analysiert, vergleicht und ordnet die Materialien, Darstellungen und Texte:*
- *Wofür wird geworben?*
- *Wie wird geworben?*
- *Worüber wird gesprochen?*
- *Was erfahren wir Neues in den Broschüren?*
- *Wer soll mit den Materialien (Werbung, Talkshows, Anzeigen ...) angesprochen werden?*

Vielleicht könnt ihr im Klassenzimmer eine Wandzeitung gestalten?

10 *„Die Würde des Menschen ist unantastbar“ (GG Art. 1)*

Wo und wie ist die Würde des Menschen hier gefährdet? Diskutiert und begründet dabei eure Meinung.

Hohe Dunkelziffer

Herzlich Willkommen bei Wildwasser – dem Verein gegen sexuellen Missbrauch

Die Beratungsstelle möchte von sexuellen Missbrauch betroffene Mädchen, deren Angehörige oder Vertrauenspersonen und Fachpersonal in der aktuellen Situation unterstützen.
Auch für Frauen, die in der Kindheit sexuelle Ausbeutung erlebten, besteht ein Beratungsangebot. Die Mitarbeiterinnen der Beratungsstelle sind Fachfrauen und unterliegen der Schweigepflicht. Termine für Beratungsgespräche sollen vereinbart werden. Die Beratung ist kostenlos und erfolgt auf Wunsch anonym. Alle Schritte werden mit den Betroffenen und Ratsuchenden abgesprochen.

wildwasser.de

Ein weiteres Ziel der Beratungsstelle ist, das Thema „sexueller Missbrauch“ im öffentlichen Bewusstsein zu halten und so der Ausbeutung mit Informationsveranstaltungen entgegenzuwirken.

1 *Wer kann sich an „Wildwasser“ wenden?*

2 *„Wildwasser e.V.“ gibt es bereits in vielen Städten in der Bundesrepublik. Warum?*

3 *Die Betroffenen sind durch solche Vorfälle sehr verletzt.*

a) *Wie kann sich das auf ihr weiteres Leben auswirken?*

b) *Kein Ausweg? Diskutiert.*

Partnerschaft – Leitbild für Ehe und Familie

In guten wie in schweren Tagen ...

1 *Die Erfüllung aller meiner Wünsche ...!?*

Zwei angesehene Familien – die Capulets und die Montagues – lebten in Verona seit langem in Feindschaft. Romeo aus dem Haus Montague verliebte sich in Julia, eine der Töchter Capulets. Auch Julia war vom ersten Moment an sicher, dass Romeo ihre große Liebe sei. Die Liebenden wussten, dass der unüberwindliche Hass der Eltern ihre Liebe unmöglich machte. Sie heirateten heimlich, aber bevor jemand davon erfahren hatte, brach erneut ein Streit zwischen den Familien aus, bei dem Menschen getötet werden. Romeo wird nach Mantua verbannt. Vor seiner Flucht klettert er heimlich nachts in Julias Zimmer, wo sich das Liebespaar nochmals sehen kann. Mit einer List versucht Julia, doch noch zu Romeo zu gelangen. Sie nimmt einen Schlaftrunk, um ihre Eltern zu täuschen, doch Romeo missversteht die Situation und glaubt – wie die Eltern – Julia sei tot. Völlig verzweifelt tötet er sich selbst. Als Julia erwacht, folgt sie dem Geliebten in den Tod. Erst jetzt versöhnen sich die beiden verfeindeten Familien der Liebenden.

William Shakespeare: Romeo und Julia, 1595

2 *Was ist geschehen?*

3 *Die Liebesgeschichte ist ca. 500 Jahre alt. So etwas kann heute nicht mehr vorkommen, oder?*

4 *Diese große Liebe zwischen Romeo und Julia hatte keine Hoffnung auf ein Happyend. Kannst du die Reaktionen der beiden jugendlichen Liebenden verstehen?*

5 *Stelle dir vor, Romeo hätte Julia rechtzeitig entdeckt und ihr das Leben gerettet. Die Eltern der beiden sind entsetzt über den Selbstmordversuch von Julia. Sie beschließen, nichts mehr gegen diese Liebesbeziehung zu unternehmen …*
   a) *Schreibe auf, wie das Leben der beiden wohl weitergehen könnte.*
   b) *Lies die Fortsetzung deiner Geschichte den Mitschülern vor. Vergleicht eure Vorstellungen.*

6 *Viele von euch träumen sicher auch von einer lebenslangen glücklichen Partnerschaft. Fast jede zweite Ehe in Deutschland wird heutzutage geschieden. Sprecht darüber.*

JULIA: Drei Wort, Romeo, dann gute Nacht! Wenn deine Lieb, tugendsam gesinnt, Vermählung wünscht, so lass mich morgen wissen. Durch jemand, den ich zu dir senden will, Wo du und wann die Trauung willst vollziehn. Dann leg ich dir mein ganzes Glück zu Füßen. Und folge durch die Welt dir als Gebieter …

*W. Shakespeare**

ROMEO (*immer noch kauend*):
Sprich mir noch einmal, holder Engel, du! […] Hoppla! (Er hat sich mit Kaffee angeschüttet und beginnt den Fleck zu reiben.)

JULIA: O Romeo! Warum denn, Romeo? Warum kannst du denn nicht aufpassen? Jetzt hast du wieder einen Fleck auf deinem Anzug!

ROMEO: Das merkt niemand. Und wenn, dann hält man's für ein Wappenzeichen. Renaissance, weißt du.

JULIA: Weil du immer so verfressen bist. Und ich kann den ganzen Tag deine Schmutzwäsche waschen. Ich ganz allein. Ich hab' keine Diener, ich hab' nicht einmal ein Mädchen. Zieh den Bauch ein …

*E. Kishon**

***Shakespeare, William (1564–1616):** englischer Dramatiker; Verfasser berühmter Werke, z. B. „Ein Sommernachtstraum" (1595), „Hamlet" (1601), einer der meist gespielten Dramatiker auf deutschen Bühnen.

***Kishon, Ephraim** (**1924** geboren in Budapest, **2005** gestorben in Israel): populärer israelischer Schriftsteller, Verfasser vieler satirischer Kurzgeschichten und Filmdrehbücher über Alltagsgeschehnisse.

7 *Beide Texte beschreiben Szenen aus dem Leben von Romeo und Julia.*
William Shakespeare beschreibt hier die große Liebe der beiden. Kannst du die Stelle mit eigenen Worten erzählen?
Ephraim Kishon hat sich vorgestellt, wie Romeo und Julia als Ehepaar zusammenleben. Berichte. Vergleiche Kishons Fortsetzung mit deinem eigenen Text.

8 *„Romeo und Julia" ist eine Liebesgeschichte, die über Jahrhunderte hinweg die Menschen faszinierte. Wie kommt Kishon dazu, diese große Liebe so alltäglich zu schildern?*

„Wenn wir allein sind, dann ist sie immer fröhlich, lieb und zufrieden. Ich fühle mich dann wohl mit ihr. Sind aber ihre Freundinnen dabei, achtet sie gar nicht mehr auf mich – ich bin dann völlig überflüssig."

Jonas, 16 Jahre

„Ein Mädchen soll Verständnis für mich aufbringen, wenn ich Probleme habe. Sie soll mir zuhören und mich trösten können."

Konrad, 16 Jahre

„Jungs achten viel zu sehr auf die Figur, sie sind sowas von oberflächlich."

Daniela, 15 Jahre

„Am wichtigsten ist, dass man ehrlich ist, nicht einfach sagt: ‚Ich will dich nicht mehr so oft sehen', oder ähnliche Ausreden."

Ulla, 14 Jahre

„Ich erwarte schon, dass wir absprechen, was wir unternehmen wollen. Es darf nicht nur einer bestimmen; die Entscheidungen müssen gemeinsam getroffen werden."

Selim, 15 Jahre

9 *Schreibe deine Meinung zum Thema „Freundschaft/Partnerschaft" in einem Satz auf eine Wortkarte.*

10 *Gleichberechtigung, Geborgenheit, Sexualität, Verständnis*
Ordnet die Aussagen von Jonas, Konrad, Daniela, Ulla und Selim diesen Begriffen zu.
Anschließend versucht ihr, auch eure Wortkarten auf diese Weise zu sortieren. Was fällt auf?

11 *„Partnerschaft bereichert auch."*
Schüler einer 9. Klasse haben dazu folgende Aussagen notiert:

..., dass ich so angenommen werde, wie ich bin
..., dass wir uns gegenseitig anregen und austauschen
..., dass ich viel selbstbewusster geworden bin
..., dass wir uns in vielen Dingen ergänzen

Versuche diese Aussagen näher zu erläutern. Finde Beispiele dazu.

12 *Lies die folgenden Auszüge aus dem Jugendbuch „Stolperschritte" von Mirjam Pressler:*

„... Uli gefällt mir nämlich sehr gut. Sie ist ein schönes Mädchen, mit langen, dunklen Haaren und großen, braunen Augen, einem runden Gesicht und dem schönsten Mund, den ich jemals gesehen habe ... Und wenn sie lacht, bekommt sie zwei Grübchen in die Backen ..."

„... Aber dies ist meine erste Gelegenheit seit langem, mit Uli ernsthaft zu reden, und deshalb sage ich schnell: ‚Psychologe. Ich will Psychologie studieren.' Uli lacht. Sie bekommt wieder zwei Grübchen. ‚Ich studiere bestimmt nicht. Ich möchte etwas mit Zeichnen machen. Vielleicht Modezeichnerin ...'
Modezeichnerin passt einfach nicht zu dem Bild, das ich mir von ihr gemacht habe. Ich bin wirklich enttäuscht. Es ist, als ob die Grübchen nicht mehr lieb und lustig aussehen würden, sondern albern ..."

a) *Was ist dem Jungen zu Beginn der Geschichte wichtig?*
b) *Im Laufe der Geschichte verändert er seine Meinung über das Mädchen. Begründe.*

13 *Spiele, „den anderen zu sehen".*

a) *Zwei Schüler sitzen sich gegenüber und schauen sich genau an. Nach kurzer Zeit schließt einer von beiden die Augen, während der andere fünf Kleinigkeiten an seiner Kleidung, Haare usw. verändert. Der Spielpartner versucht nun die Veränderungen zu entdecken. Mögliche Erweiterungen: Rollentausch, Partnerwechsel ...*

b) *Alle Jugendlichen sitzen im Kreis. Jeder gibt einen Gegenstand von sich (z. B. Uhr, Schmuckstück, Halstuch ...) in ein Säckchen. Anschließend nimmt reihum jeder Schüler einen Gegenstand heraus und betrachtet ihn genau. Es soll nun versucht werden, anhand des Gegenstandes etwas über dessen Besitzer auszusagen (Vorlieben, Persönlichkeit u. Ä.).*

Aber

zuerst habe ich mich verliebt
in den Glanz deiner Augen
in dein Lachen
in deine Lebensfreude
Jetzt liebe ich auch dein Weinen
und deine Lebensangst
und die Hilflosigkeit
in deinen Augen
Aber gegen die Angst
will ich dir helfen
denn meine Lebensfreude
ist noch immer der Glanz deiner Augen.

Erich Fried

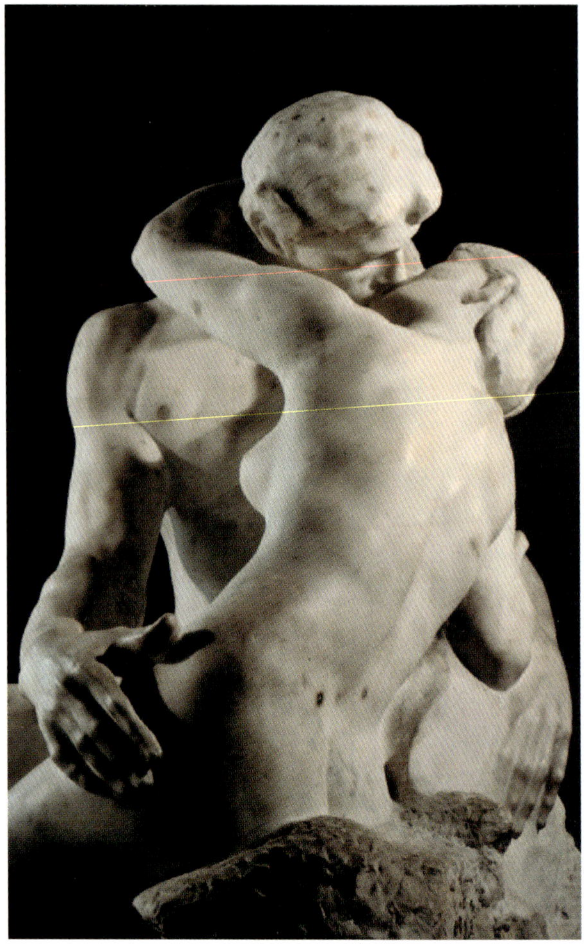

…
Die Liebe ist langmütig und freundlich, die Liebe ist nicht eifersüchtig, die Liebe treibt nicht Mutwillen, sie bläht sich nicht auf, sie verletzt nicht den Anstand, sie sucht nicht das Ihre, sie lässt sich nicht erbittern, sie trägt das Böse nicht nach, sie freut sich nicht über das Unrecht, sie freut sich vielmehr an der Wahrheit, sie erträgt alles, sie glaubt alles, sie hofft alles, sie duldet alles …

Neues Testament, 1. Korinther 13

Tränen im Regen

Liebe,
ich brauche dich
wie die Blumen den Regen.

Liebe,
ich brauche dich
wie die Fische das Wasser.

Liebe,
dein Weinen
sind Tränen im Regen.

Liebe,
dein Lächeln
ist wie die Sonne am Himmel.

Liebe,
ich liebe dich.

Mohamed al Saadi,
17 Jahre

14 *Über die Liebe*

a) *Welcher Text spricht dich am meisten an? Begründe.*

b) *Versuche selber, einen Text oder ein Gedicht über die Liebe zu schreiben.*

Für immer und ewig ...

„Ich möchte mich einmal ganz dir
schenken, ich möchte einmal nichts mehr denken nur
als dies:
Nimm mich hin wie ich bin, so,
dass nichts mein eigen bliebe als,
Dich liebend, meine Liebe."

(Schriftstellerin Thea Leitner als junges Mädchen)

Als es meine Mutter las – Mütter hatten damals noch keine Hemmungen, in den Tagebüchern ihrer Töchter zu stöbern –, hat sie mir fast den Kopf abgerissen und mir ein „Absinken von Stufe zu Stufe" prophezeit.
Trotz zweier Ehen – einer weniger geglückten und einer sehr geglückten –, trotz zahlloser leidenschaftlicher, dramatischer, todtrauriger Liebesgeschichten, die sich im Laufe der Jahre in meinem näheren und weiteren Umfeld abgespielt haben, war es mir nicht gelungen, das Rätsel der Liebe zu lösen.
So beschloss ich, dem Mysterium* systematisch zu Leibe zu rücken und ihm auf dem Weg über die Biografien von Dichterinnen und Dichtern auf die Spur zu kommen, in der Meinung, dass dermaßen hochsensible Persönlichkeiten einen genaueren Einblick in die Wurzeln und Wunder der Liebe geben könnten – und wie sich die Einstellung dazu im Laufe der Zeit verändert hat. Darum wählte ich fünf Paare aus der Spanne zwischen 1785 und 1991 aus. Es war eine überlange, zeitweise vergnügliche, zeitweise sehr schwierige Recherche*. Und was ist dabei herausgekommen? ...

1 *Was könnte dabei herausgekommen sein?*

Mit dieser Frage beschäftigte sich Thea Leitner, eine in Wien lebende österreichische Journalistin und Schriftstellerin, und schrieb daraufhin ihr Buch „Spiele nicht mit meinem Herzen", in dem sie die Liebesgeschichten der fünf Paare beschreibt und hinterfragt.

„... Herausgekommen sind Binsenweisheiten*, deren ich ohnehin schon seit Jahrzehnten teilhaftig bin:
- Zumeist wird sexuelle Leidenschaft mit Liebe verwechselt, was dann zu stürmischen, verletzenden Trennungen führt.
- Die Leidenden, die Angeschmierten und Ausgebeuteten sind vorwiegend Frauen.
- Eine durch die Jahre haltbare Beziehung fordert viel Toleranz* und gegenseitiges Einfühlungsvermögen.
- Zeiten der extremen Existenznot können den festesten Kitt für eine Partnerschaft bilden."

2 *Was wird in den vier „Binsenweisheiten" festgestellt?*

3 *Vergleiche das Gedicht, das Thea Leitner als junges Mädchen geschrieben hat, mit den „Binsenweisheiten", die sie als Erwachsene herausgegeben hat.*

Beispiel: Definition für „Löffel“

Allgemeine Art   Besondere Merkmale

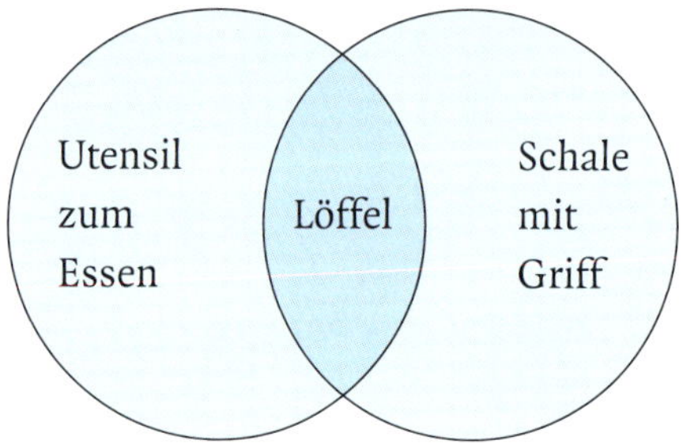

Definition: Ein Löffel ist ein Utensil zum Essen, das eine Schale mit Griff hat.

Ausweitung: Ein Löffel ist ein Utensil, mit dem man Essen mischt oder befördert und das eine Schale mit Griff hat.

4 *Finde nach diesem Beispiel eine eigene Definition für „Partnerschaft“.*

Lies die beiden folgenden Texte zum Thema „Partnerschaften“.

Die Liebe und der Sport vereint sie seit 60 Jahren

Ehepaar R. feiert heute seine diamantene Hochzeit (kia).

Der Turn- und Sportverein Pfersee hat sie zusammengebracht: Anna und Eugen R.

Heute feiern sie diamantene Hochzeit, denn vor genau 60 Jahren haben sie geheiratet. Die Liebe zum Sport führte nicht nur zur Ehe, sondern bestimmte auch das Leben der Augsburger:

Schon seit ihrer Jugend waren der Schreinermeister und die kaufmännische Angestellte begeisterte Sportler und haben sich im Verein engagiert. „Ich war 50 Jahre lang Turnwart“, erzählt Eugen R. stolz. Anna R. war Turngruppenleiterin.

Ein weiteres großes Hobby des Ehepaares war das Wandern. „Wir sind immer nach Südtirol gereist“, sagt Anna R. mit strahlenden Augen. Bis ins hohe Alter von 80 Jahren waren die beiden sportlich aktiv, doch seit ein paar Jahren ist Eugen R. durch mehrere Hüftoperationen stark gehbehindert.

„Mit dem Sport ist jetzt alles vorbei“, bedauert der 89-Jährige. Doch langweilig wird es dem Ehepaar trotzdem nicht. „Unser Leben ist ausgefüllt“, sagen die beiden gut gelaunt. Die Zeit vertreiben sie sich mit Lesen. Außerdem spielen sie jeden Tag zusammen Karten. Und dann gibt es natürlich noch Gabriel, der 9 Monate alte Bub ist der Urenkel von Anna und Eugen R. „Er macht uns viel Freude“, sagt die stolze Uroma.

Und wie führt man so eine lange glückliche Ehe? Verständnis und Toleranz sind für die Rs. hier die wichtigsten Stichworte. „Natürlich haben wir auch Höhen und Tiefen hinter uns, aber so etwas gibt es in jeder Ehe“, meint Eugen R. „Das Wichtigste ist, dass man Vertrauen zu einander hat“, fügt seine Frau hinzu. Heute feiern die Rs. zu zweit. Dann lassen sie das tägliche Kochen einmal ausfallen und gehen ins Restaurant. Am Sonntag gibt es dann ein größeres Fest bei der Tochter in Inningen. Natürlich kommen dann auch die beiden Enkel – und Urenkel Gabriel.

5 *Beschreibe die Partnerschaft des alten Ehepaares mit eigenen Worten.*

6 *Nach 60 Jahren scheinen Frau und Herr R. noch glücklich miteinander zu sein. Kannst du dir das vorstellen? Berichte von älteren Paaren, die du kennst.*

„Im neuen Leben …"

Der amerikanische Radprofi Lance Armstrong erkrankte an Hodenkrebs. Bei weiteren Untersuchungen wurde festgestellt, dass auch die Lunge und das Gehirn bereits befallen waren. Armstrong kämpfte gegen den Krebs an und es gelang: In den Jahren 1999 bis 2005 war er der Sieger der Tour de France.

„… im neuen Leben hatte sich auch privat etwas verändert: Die Beziehung zu seiner Freundin Lisa Sheils war Anfang 1997 unter der Belastung durch die Krankheit zerbrochen.
Im Januar hatte Armstrong zudem Kristin „Kik" Richard bei einer Pressekonferenz seiner neu gegründeten Krebsstiftung kennen gelernt – seine spätere Frau.
‚Du musst endlich eine Entscheidung treffen. Du musst dich entscheiden, ob du dich richtig zur Ruhe setzen und ein Golf spielender, Bier trinkender, mexikanisches Essen mampfender Schlappi werden willst. Wenn du das willst, okay. Ich liebe dich und werde dich sowieso heiraten. Aber ich muss wissen, woran ich bin, damit ich planen und mir einen Job suchen und dein Golfspielen finanzieren kann. Sag mir endlich, woran ich bin. Aber wenn du dich nicht zur Ruhe setzen willst, dann musst du mit dem Essen und Trinken aufhören und darfst nicht so herumhängen. Du musst dir endlich darüber klar werden, was du willst.'
Sie sagte das nicht unfreundlich und sie hatte natürlich Recht …"

7 *Lance Armstrong ist durch seine Krankheit in eine schwere Krise geraten. Wie verhielten sich die Partnerinnen?*

8 *Partnerschaft als Lebenshilfe?*

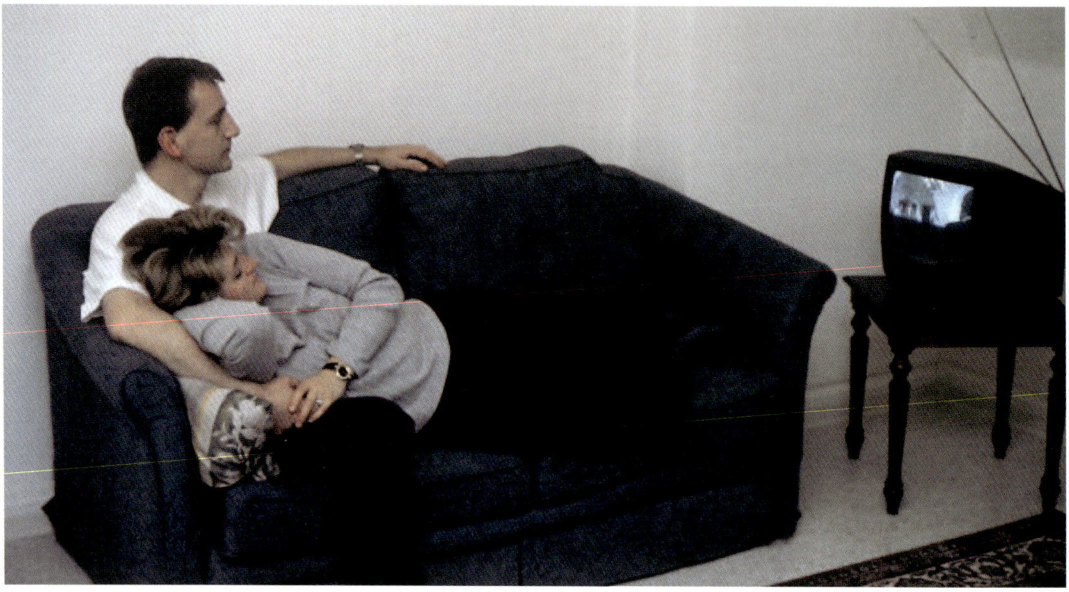

Ergebnisse einer Zeitschriften-Studie über junge Paare:

„Glücklich im Hier und Jetzt"

Die jungen Paare sind moderne Romantiker. Sie genießen ihr Glück, statt sich dauernd damit verrückt zu machen, dass sie nicht alles erreichen können, was sie sich eigentlich wünschen. Aber in den Köpfen hat die Veränderung bereits stattgefunden. Eine ganze Generation hält es für selbstverständlich, dass Frauen und Männer die gleichen Pflichten haben.

Was verändert sich in den Beziehungen im Laufe der Zeit?

Am wenigsten die Bedeutung der berühmten „inneren Werte": Ausstrahlung, Ehrlichkeit und Zuverlässigkeit, schon zum Zeitpunkt des Verliebens mit über 90 Prozent die entscheidenden Eigenschaften, bekommen im Blick auf die Zukunft einen noch höheren Stellenwert. Aussehen, körperliche Leidenschaft und Sex verlieren mit der Zeit an Wichtigkeit, beruflicher Erfolg des Partners, Familiensinn, der Freundeskreis und nicht zuletzt der Humor gewinnen hinzu. Wohlstand, zum Zeitpunkt des Verliebens mit gut 10 Prozent auf dem letzten Tabellenplatz der Wünsche an den Partner, klettert auf fast 50 Prozent.

9 *Zu welchem Ergebnis kommt die Studie? Was verändert sich im Laufe der Zeit?*

10 *Bei einer kirchlichen Trauung geben sich die Menschen Versprechen: „Ich nehme dich an und verspreche dir die Treue in guten wie in bösen Tagen." Herr R. spricht von „Höhen und Tiefen", die sie in ihrer 60-jährigen Ehe durchlebt haben.*

a) *Was kann man sich unter „Höhen und Tiefen", unter „guten und bösen Tagen" in einer Partnerschaft vorstellen?*

b) *Welche Rolle spielt dabei die Bereitschaft zur Versöhnung?*

11 *Findest du auch Bestätigungen für Thea Leitners „Binsenweisheiten" in den Texten?*

12 *Überprüft jetzt eure eigenen „Partnerschaftsdefinitionen". Bestätigen sich eure gefundenen Merkmale? Könnt ihr jetzt noch weitere Merkmale hinzufügen?*

13 *Stellt die möglichen Veränderungen im Laufe der Zeit in einer Partnerschaft dar, z. B. in einer Collage, Grafik, in Bildern und Texten usw. Greift dabei auf eure eigenen Definitionen und die Texte zurück.*

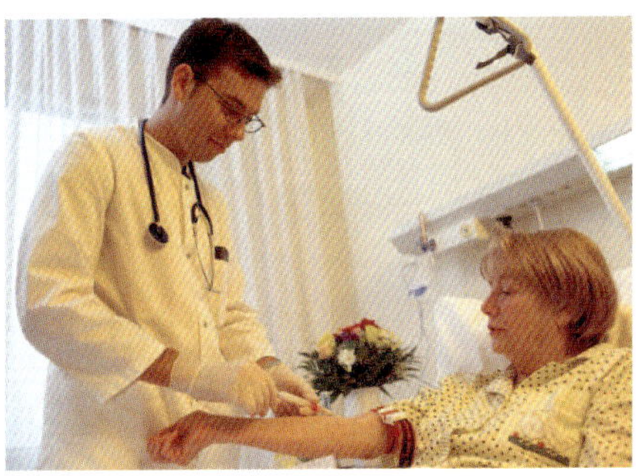

Zum Nachdenken

Der Kleine Prinz

Der folgende Textausschnitt stammt aus dem Buch „Der Kleine Prinz“ des bekannten französichen Fliegers und Schriftstellers Antoine de Saint-Exupéry*.

Der kleine Prinz ging, die Rosen wiederzusehn.
„Ihr gleicht meiner Rose gar nicht, ihr seid noch nichts“, sagte er zu ihnen. „Niemand hat sich euch vertraut gemacht, und auch ihr habt euch niemandem vertraut gemacht. Ihr seid, wie mein Fuchs war. Der war nichts als ein Fuchs wie hunderttausend andere. Aber ich habe ihn zu meinem Freund gemacht, und jetzt ist er einzig in der Welt.“

Und die Rosen waren sehr beschämt.
„Ihr seid schön, aber ihr seid leer“, sagte er noch. „Man kann für euch nicht sterben. Gewiss, ein Irgendwer, der vorübergeht, könnte glauben, meine Rose sei euch ähnlich. Aber in sich selbst ist sie wichtiger als ihr alle, da sie es ist, die ich begossen habe. Da sie es ist, die ich unter den Glassturz gestellt habe. Da sie es ist, die ich mit dem Wandschirm geschützt habe. Da sie es ist, deren Raupen ich getötet habe (außer den zwei oder drei um der Schmetterlinge willen). Da sie es ist, die ich klagen oder rühmen gehört habe oder auch manchmal schweigen. Da es meine Rose ist.“

1 *Worum geht es in diesem Textausschnitt?*

2 *Kann man Rosen lieben?*

3 *Was macht ein Ding oder einen Menschen einzig auf der Welt?*

4 *Kann man für etwas sterben?*

***Saint-Exupéry, Antoine (1900–1944):** Entscheidend für sein literarisches Wirken war die Fliegerei. Er war Berufspilot in der zivilen Luftfahrt in Afrika und Südamerika. Die in dieser Zeit entstandenen Romane und Reportagen beschäftigen sich mit dem Abenteuer des Fliegens und philosophischen Überlegungen. Er flog während des 2. Weltkriegs in militärischer Mission und kehrte 1944 nicht mehr von einem Aufklärungsflug zurück. Kurz zuvor war „Der Kleine Prinz“ erschienen.

5 An Grenzen* kommen

*„Zollgrenze", „grenzenlos", „Grenzbereich"…
Sammelt weiter.*

Menschen in Grenzsituationen

Grenzen erfahren – auf Grenzen reagieren

Es ist schwer, nicht sprechen zu können.
Oft bin ich deswegen traurig. Aber es gibt einen Satz, den ich mir ausgedacht habe und den meine Mutter mir ganz groß aufgeschrieben hat: „Nicht lachen können ist schlimmer als nicht reden können."
Und lachen kann ich sehr gut.

Katrin Lemler

„Als ich 25 war, bekam ich Hodenkrebs, und daran wäre ich fast gestorben. Ich hatte eine Überlebenschance von nicht einmal 40 %, und, ehrlich gesagt, ein paar meiner Ärzte haben das auch nur aus lauter Freundlichkeit gesagt. Von meiner Leiste bis zum rechten Oberschenkel zieht sich die Operationsnarbe, wo sie mir den Hoden rausgeschnitten haben. Aber die Glanzstücke sind zwei tiefe Halbmonde auf meinem Schädel, […] das sind Andenken an meine Gehirnoperation.
Es gibt zwei Lance Armstrongs: den vor dem Krebs und den danach. Am 2. Oktober 1996 ging ich aus meinem Haus, und als ich wiederkam, war ich ein total anderer Mensch. Ich war ein Weltklassesportler gewesen, mit einer hübschen Villa und einem Porsche in der Garage […]. Ich weiß nicht, warum ich noch lebe. Ich kann nur raten. Ich bin ziemlich zäh, und in meinem Beruf habe ich gelernt, wie man mit Hindernissen fertig wird. Das hat mir geholfen, aber entscheidend war es nicht. Ich kann mir nicht helfen, aber ich glaube, dass ich überlebt habe, war doch eher ein glücklicher Zufall […]"
Lance Armstrong war in den Jahren 1999–2005 Sieger der Tour de France.

„Eigentlich führte ich mal ein ganz normales Leben. Ich hatte eine ganz ordentliche Arbeit und verdiente jeden Monat mein Geld. Natürlich hat es nie gereicht, aber es ging. Meine Frau und meine kleine Tochter wollte ich immer gut versorgen. Doch irgendwann hat mich das Glück verlassen. Ich wurde völlig überraschend arbeitslos. Wir hatten nichts gespart, und jetzt reichte das Geld nicht mehr. Keine Firma wollte mich einstellen – die Wirtschaftslage war in unserer Gegend nicht gut, und auch meine Frau fand keinen Job. Ich streifte ziellos durch die Stadt; irgendwann fand ich meine Stammkneipe und dann trank ich täglich wirklich viel zu viel. Meine Frau und meine Tochter sorgten sich um mich, wir hatten oft Streit, da konnten wir die Miete schon längst nicht mehr bezahlen. Eigentlich war mir meine Familie in dieser Zeit total egal. Meine Frau und mein Kind zogen dann zu ihren Eltern, und ich stand allein auf der Straße. Und seither hat sich auch daran nichts geändert ...“

1 *Alle diese Menschen stoßen an Grenzen. Beschreibe sie.*

2 *Wie gehen die Betroffenen mit ihrer Situation um?*

3 *Hast du selbst schon solche Grenzsituationen erlebt?*
Kennst du Menschen, die solche Lebenskrisen überwinden mussten?*
Wie haben sie es geschafft?

4 *Es fällt uns nicht immer leicht, mit diesen Menschen umzugehen, oder?*

Medizinstudent irrte sich in der Wohnungstüre: Erstochen

Hielt der 55-jährige Täter ihn für einen Einbrecher?

Einem mysteriösen Gewaltverbrechen ist am zweiten Weihnachtsfeiertag ein 26 Jahre alter Medizinstudent aus Nürnberg im oberfränkischen Selb zum Opfer gefallen. Der junge Mann, der zu Besuch bei seiner Großmutter war, wurde im Treppenhaus von einem 55 Jahre alten Arbeiter mit einem Küchenmesser erstochen – wahrscheinlich nur deshalb, weil er in dem Mehrfamilienhaus versehentlich die falsche Wohnungstür mit einem Schlüssel öffnen wollte.

5 *Der ältere Mann hört einen Schlüssel in der Tür und sticht zu.*
a) *Was geht in ihm vor?*
b) *Eine angemessene Reaktion?*

Sieger und Verlierer

1 *Beschreibe die Reaktion der abgebildeten Schülerinnen und Schüler bei der Notenbekanntgabe der Abschlussprüfung.*

2 *Mike hat den Quali bestanden und kann nun seinen Ausbildungsplatz in einem großen Industriebetrieb antreten.*
Jochen hat den qualifizierenden Hauptschulabschluss trotz ordentlicher Jahresfortgangsnoten nicht geschafft.
Rosa hat die Prüfung zwar bestanden, konnte jedoch den angestrebten Durchschnitt für die Aufnahme in die M 10 nicht erzielen.
Was geht in den drei Jugendlichen vor?

3 *Warst du selbst schon in Situationen, in denen du dich als Sieger bzw. als Verlierer gesehen hast?*
Wie hast du dich dabei gefühlt?
Hast du deine Gefühle den anderen gezeigt?

Grenzen suchen

Mein Körper war mein Gesamtkunstwerk

Mein Körper war meine Leistung, mein „Kunstwerk". Ich liebte ihn, denn er war das, worauf ich mich fast zwei Jahre lang, wenn auch in selbstzerstörerischer Weise, konzentriert hatte. Gleichzeitig hasste ich ihn, denn er war hässlich, schwach, unfähig, Leistung zu erbringen. Ich verurteile und verabscheue Schwäche; Schwäche des Charakters. Einerseits.

Andererseits ist das aber genau ein Teil dessen, was ich durch meine Krankheit endlich sichtbar machen wollte. So offensichtlich wie nur möglich wollte ich meiner Familie, meinen Freunden zeigen: Ich bin schwach, ich bin verletzlich und unsicher. Mein dünnes Äußeres sollte sicherlich auch das verletzliche Innere schützen; denn jemand, der so zerbrechlich aussieht, wird nicht ohne weiteres angegriffen, wird nicht mit Forderungen gequält. Niemand wagt es mehr, Ansprüche zu stellen.

Meine Krankheit war ein Hilferuf.

Magersucht ist eine Seelenkrankheit, die den Körper als Ausdrucksmittel benutzt. Es gibt keinen konkreten Zeitpunkt, an dem die Krankheit ausbricht, keinen, an dem sie geheilt ist.
Zwei Jahre lang hat die Waage mein Leben bestimmt. Was sie beim allmorgendlichen Wiegen anzeigte, war maßgebend dafür, ob ein Tag erfolgreich sein würde oder von vorneherein verloren war. Zeigte sie ein paar Gramm mehr an als am Tag zuvor, geriet ich unter einen unglaublichen inneren Druck: Ich hatte mich nicht gut unter Kontrolle gehabt, war nicht fleißig, nicht diszipliniert genug gewesen. Solange ich das nicht gutgemacht hatte, war alles düster, grau und sinnlos. Nichts hätte mich dann glücklich stimmen können. Erst die positive Botschaft der Waage am nächsten Morgen machte mich wieder froh. Bis dahin gestattete ich mir nicht einmal, überhaupt an Nahrungsaufnahme zu denken.
Ich fühlte mich im Vergleich mit anderen sehr dumm, einfallslos, wertlos; allerhöchstens war ich mittelmäßig. Ich wollte aber auch etwas haben, worin ich ganz besonders gut war, etwas, das nur ich konnte; wo ich erfolgreich sein konnte und Anerkennung fand. Hungern. Zeigte die Waage also zu viel an, wusste ich, dass ich wieder einmal versagt hatte. Ich musste mich jetzt noch mehr anstrengen.
Aber auch an guten Tagen, wenn das Ergebnis auf der Waage mit meinen Erwartungen übereinstimmte, aß ich wenig oder gar nichts, denn das Gefühl, dass ich meinen Hunger besiegt hatte, mich total unter Kontrolle gehabt hatte, war ein so befriedigendes Gefühl, dass ich nichts anderes mehr brauchte, um mich wohl zu fühlen. Ich war der festen Überzeugung, sehr selbstbestimmt und unabhängig zu leben. Die Portionen, die ich aß, wurden immer kleiner und kalorienärmer. Fast ein halbes Jahr bestand meine Tagesration aus einer Tasse Suppe. Auf diese eine Mahlzeit freute ich mich den ganzen Tag lang. Ich zögerte die Nahrungsaufnahme so lange wie möglich hinaus. Ich genoss die Vorfreude.
Meine Familie setzte große Hoffnungen in mich. Sie sprach mir Fähigkeiten zu, die ich selbst nicht in mir fand. Ich fühlte mich zutiefst schuldig, denn ich wollte dem Bild, das viele von mir hatten, entsprechen, wollte gut und erfolgreich sein, aber wie hätte ich das erreichen können, wo ich mir doch selbst nicht das Geringste zutraute. Die vertraute Welt des Hungerns gab mir Halt und Sicherheit. Auf die Bitten von Familienangehörigen und Freunden, doch zuzunehmen, mich in Behandlung

zu begeben, reagierte ich lange Zeit sehr aggressiv und abwehrend.
Mein leerer Magen schrie nach Nahrung. Oft habe ich nächtelang wach gelegen, weil mich der Hunger hinderte einzuschlafen; manchmal wachte ich nachts auf, weil mein Kiefer schmerzte: Ich hatte die Zähne so fest zusammengebissen, dass es wehtat.
Während ich anfing, mich mit der Krankheit zu beschäftigen, verschlimmerte sich mein Zustand immer mehr. Ich hatte keine Kraft mehr; mein Gehirn hatte nicht mehr genug Nährstoffe, um einwandfrei zu funktionieren.
Es tat weh, von oben bis unten gemustert zu werden und in den Gesichtern der Fremden Verachtung und Geringschätzung* zu erkennen.
Der Tag meiner Kapitulation* vor der Krankheit war der schwärzeste Tag in meinem Leben. Ich sah so deutlich wie nie zuvor, dass der Weg, dem ich so lange gefolgt war, mich zerstören würde. Ich schämte mich unendlich. Nur ich allein konnte mich retten – durch Essen, Kauen und Schlucken.

Gesa Herbst

1 *Auch Gesa geht an ihre Grenzen. Sprecht über die Situation der jungen Frau.*

2 *Findet Gründe, warum Gesa aufhört zu essen. Notiert in Stichpunkten.*

3 *Nicht immer fühlt sich Gesa gleich gut oder schlecht. Beschreibt die Gefühle der jungen Frau im Verlauf ihrer Krankheit.*

4 *Versetze dich in Gesas Situation. Schreibe deine möglichen Gedanken und Gefühle am Ende eines Tages in dein Tagebuch.*

5 *„Der Tag meiner Kapitulation* war der schwärzeste Tag in meinem Leben." Versuche, diesen Satz Gesas zu erklären. Bewertet diese Aussage.*

„Die Schritte, die ich mache, sind klein, und ich kann den Weg, den ich zu gehen habe, manchmal nur sehr schwer erkennen. Ich weiß nicht, wohin er mich führen wird. Ich hoffe, zu mir selbst, und wie lange es auch dauert, ich weiß, dass sich diese Suche lohnt."

6 *Gesa braucht Hilfe. Was könnten die Familie, ihre Freunde usw. dazu beitragen?*

7 *Wie könnten die Schritte aussehen, die Gesa gehen muss, um die Krise überwinden zu können?*

8 *Es gibt viele Jugendliche – vor allem Mädchen –, die unter massiven Ess-Störungen leiden. Falls ihr jemanden mit einer solchen Krankheit kennt, überlegt euch, wie ihr vielleicht helfen könntet.*

Mutproben

9 *Was veranlasst Menschen, sich in solche Extremsituationen zu begeben? Diskutiert darüber.*

10 *Welche anderen Bereiche kennt ihr, in denen Menschen ihre Grenzen ausprobieren? Sind eurer Meinung nach Jugendliche besonders risikobereit?*

11 *Mut gehört sicher dazu!? – „Ich bin doch nicht wahnsinnig!"*

Sterben und Tod

Dem Tod begegnen

Lebensreise

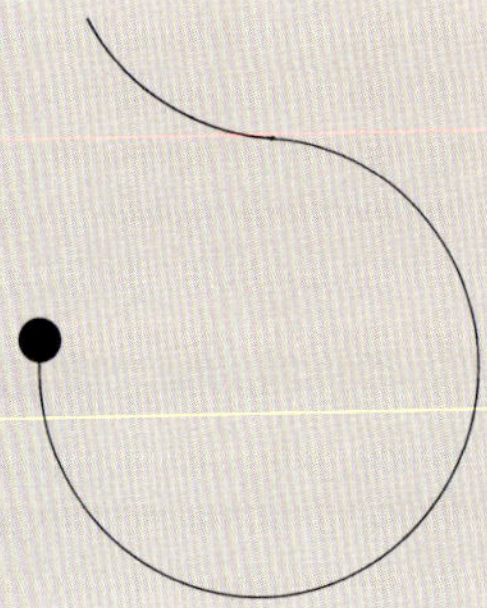

Das ist deine Lebensreise. An dem dicken Punkt bist du auf die Welt gekommen.

1 *Übertrage den Lebenskreis auf ein Blatt. Zeichne einen Strich ein, wo du dich deiner Meinung nach jetzt gerade befindest. Fällt dir die Aufgabe leicht? Begründe.*

Das Märchen vom Tod

Der Tod saß missmutig am Straßenrand.

„Was fehlt dir?“, fragte einer, der vorbeikam, „warum siehst du so verärgert aus?“

„Ich bin am Ende“, sagte der Tod, „ich habe meinen geschichtlichen Auftrag verfehlt. Es wäre meine Bestimmung gewesen, den Menschen, die nur immer das Leben wollen, entgegenzutreten, sie in die Schranken zu weisen. Ich habe entgegenzutreten, sie in die Schranken zu weisen. Ich habe mich redlich bemüht: wilde Tiere, Naturkatastrophen, Epidemien* – sie mussten mich wohl oder übel zur Kenntnis nehmen. Ich durfte ihnen Feindschaft in die Herzen säen, damit sie sich gegenseitig umbrächten, und die, die das alles überlebten, konnte ich alt werden lassen, damit sie schließlich an Schwäche starben. Es hat mir alles nichts genützt am Ende“, sagte der Tod, „die Menschen nehmen mich nicht mehr ernst. Sie sind für mich blind geworden, verschweigen mich. Sie haben, was schlimmer ist, mein tödliches Handwerkszeug mit ihren eigenen Erfindungen so weit in den Schatten gestellt, dass ich ihnen keinen Eindruck mehr mache. Kurzum, ich bin, gemessen an dem, was ich hätte in der Schöpfung sein sollen, zur Unperson geworden, ein Versager.“

„Was wirst du tun?“, fragte ihn der andere.

„Ich werde mich rächen“, antwortete der Tod, „ich habe damit schon angefangen, ein billiger Verkleidungstrick. Da sie mich als Tod nicht mehr zur Kenntnis nehmen wollen, will ich sie in der Maske des Lebens beschleichen; meine tödlichen Keime setze ich gerade dorthin, wo sie eigentlich Wachstum, Fortschritt vermuten. Viel spricht dafür, dass sie das nicht durchschauen werden. Aber Spaß“, schloss der Tod und schaute noch trübsinniger drein, „Spaß macht mir das auch keinen mehr.“

Daniela Tausch-Flammer/Lis Bickel

2 *Was wird in dem Märchen zum Tod ausgesagt?*

3 *Was ist der Tod?*

a) *Orientiere dich wieder an dem „Löffelbeispiel“ (Seite 72) und finde gleichermaßen eine Erklärung für „Tod“.*

b) *Schlage in verschiedenen Lexika nach, wie „Tod“ definiert wird. Sammelt eure Ergebnisse und stellt sie der Gruppe vor.*

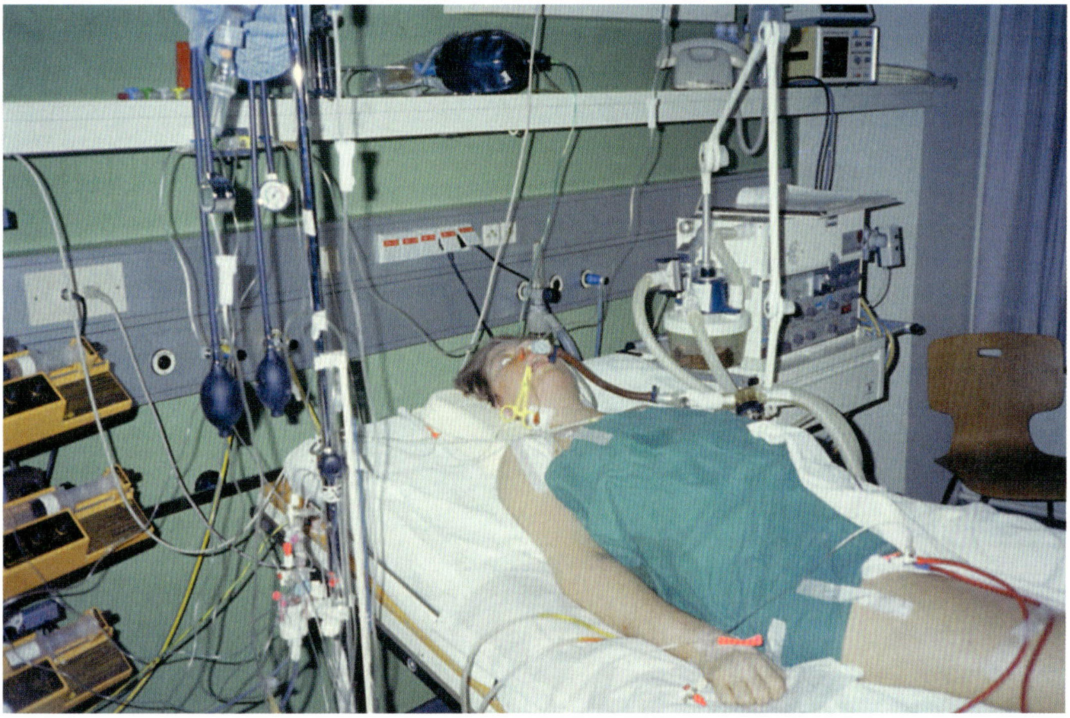

„... und die, die alles überlebten, konnte ich alt werden lassen, damit sie schließlich an Schwäche starben.“

4 *An welcher Stelle auf dem Lebenskreis steht wohl dieser Mensch?*

5 *Lies den folgenden Text durch:*

„Obwohl Tommys Großmutter schon weit über 70 Jahre alt war, war sie für ihn die Größte. Sie verbrachte viel Zeit mit ihm und war für ihn wie ein älterer Spielkamerad ... Doch eines Abends brach für Tommy die Welt zusammen. Seine Oma, seine geliebte Oma Marie, erzählte ihm ganz zärtlich und liebevoll, dass sie nicht mehr lange zu leben hätte. „Ich will es dir jetzt schon sagen, damit du merkst, wie das Leben weitergeht, egal was passiert“, sagte Oma und strich Tommy zärtlich über seine Haare. „Wenn die Blume im Garten nicht mehr da ist, werde ich auch nicht mehr hier sein.“

a) *Wie bereitet die Großmutter Tommy auf ihren Tod vor?*

b) *Wie sieht die Frau ihren eigenen Tod?*

c) *Kannst du dich in die Situation der Frau hineinversetzen?*
Welche Gedanken gehen ihr durch den Kopf?

Tod und Leben

Du bist nicht mehr am Leben.
Ich beuge mich und weine.
Es ist so unbegreiflich.
Ob dich meine Worte noch erreichen?
Meine Hilfe brauchst du nicht mehr.
Mein Gefühl greift ins Leere.
Ich merke: Mit dir ist ein Teil von mir gestorben.

Eben warst du mir noch nahe.
Ich spüre noch deine Wärme.
Die Wohnung scheint sie noch
auszustrahlen,
wie eine Steinwand eine Zeit lang die Wärme hält,
auch wenn die Sonne schon
untergegangen ist.
Ich vernehme noch deine Worte
und habe den Klang deines leisen
Rufens im Ohr.

Ich fürchte mich davor, dass alles
immer leiser wird –
und verstummt.
Ich fürchte mich, allein zu sein
mit mir und der Erinnerung.
Wenn ich gestorben bin,
singt keine traurigen Lieder.
Pflanzt keinen Baum über meinem
Grab.
Ich will ruhen unter dem Rasen,
den der Regen nässt und der Tau
berührt.
Lasst mich liegen.

Wenn ihr wollt, erinnert euch.
Und wenn ihr wollt, vergesst.

Peter Klever

Wenn Menschen sterben

1. Herr Jansen ist 89 Jahre alt. Vor fast fünf Jahren ist seine Frau gestorben; seit über einem Jahr ist er durch Alter und Krankheit selbst ans Bett gefesselt und rund um die Uhr auf die Hilfe anderer angewiesen. Bei Gesprächen mit Herrn Jansen kommt eindeutig zum Ausdruck, dass er zum Sterben bereit wäre, vor allem, um anderen nicht eine Last zu sein. Er hat in seinem langen Leben immer versucht, nicht öfter als unbedingt nötig die Hilfe von anderen in Anspruch nehmen zu müssen. Der alte Mann hat das Gefühl, auf ein langes erfülltes Leben zurückzublicken. Vielleicht ist dies der Grund, warum er den Tod jetzt eher herbeisehnt.

2. Ruth Picardie wurde 1964 in England geboren, studierte in Oxford und arbeitete als Journalistin bis zu ihrem Tod am 22. September 1997. Während ihrer Krankheit blieb sie mit einigen ihrer Freunde über E-Mail in Kontakt.
E-Mail an ihren Freund Jamie:
Liebster Jamie,
reden wir nicht um den heißen Brei. Blicken wir den Tatsachen ins Auge und warten wir auf mit allen weiteren verfügbaren Klischees. Ich habe Knochenmetastasen, d. h., ich habe fortgeschrittenen Brustkrebs, d. h. eine 18%ige Chance, länger als fünf Jahre zu leben. [...] Warum nennen sie die Sache nicht beim Namen: Du stirbst, Schwachkopf! [...] Wenn ich anfange dahinzusiechen, warum könnte ich nicht meine Beerdigung haben, bevor ich sterbe? Ich würde zu gerne dabei sein und mir alle Grabreden anhören und anschließend die Gelegenheit wahrnehmen, ihnen allen persönlich zu danken. Dann würde ich mich davonmachen, um zu sterben, und versprechen, mein Handy auszuschalten [...]

3. Rudi war ein 12-jähriger Junge, der in völlig abgemagertem Zustand mit einer unheilbaren Krankheit nur noch in geringem Maße flüssige Nahrung zu sich nehmen konnte. Während meines Besuches gemeinsam mit den Eltern im Krankenhaus brachte eine Schwester die Nährflüssigkeit ins Zimmer. Der Junge blickte mit einem milden Lächeln zu den Eltern und mir auf und sagte: „Entschuldigt, aber ich muss jetzt essen, damit ich wieder zu Kräften komme!" Ich bat die Eltern hinaus, weil weder sie noch ich selbst die Tränen zurückhalten konnten. Die Eltern schafften es jedoch, in den nächsten vier Tagen, die Rudi vor seinem Tod noch bei Bewusstsein war, mit ihm über sein Sterben zu sprechen. Die Mutter erzählte mir viel später, dass er so glücklich war, endlich darüber sprechen zu können, denn er hätte es schon seit vier Wochen an den Gesichtern der Schwestern, die er sehr gern mochte, gemerkt, dass er sterben würde. Er habe sich aber nicht getraut, es den Eltern zu sagen, weil er sie nicht traurig machen wollte.

6 *Wie gehen die drei Personen mit ihrem bevorstehenden Tod um?*

7 *Könnten sich die Betroffenen in ihrer Situation auch anders verhalten?*
Beschreibe Alternativen.

8 *Welche der aufgezeigten Reaktionen kannst du am ehesten nachvollziehen?*

Tod in unterschiedlichen Altersstufen

Drei- bis Vierjährige sehen den Tod als Abwesenheit, die allerdings Trennungsängste bei ihnen auslöst.

Im Alter von vier bis fünf Jahren beginnen die meisten Kinder, den Tod zunächst als ein Ereignis zu sehen, das anderen zustößt. Die Vorstellung des Todes ist noch sehr unbestimmt und wird mehr mit Schlaf, Dunkelheit und Bewegungslosigkeit verbunden. In diesem Alter reagieren Kinder mehr spontan und mit geringerer Angst auf Fragen nach dem Tod als später, weil sie die Endgültigkeit noch nicht begreifen.

Im Gegensatz dazu sind Kinder im Alter zwischen fünf und neun Jahren eher zögernd in der Erwähnung von Tod und Sterben. In diesem Alter beginnt normalerweise eine gewisse Furcht vor dem Tod, die dann durch Wunschfantasien ausgeglichen wird. Im Alter von sieben Jahren wissen die meisten Kinder, dass der Leib zerfällt.

Dieser Gedanke erscheint jedoch schon im Alter von acht bis neun Jahren so unannehmbar und unerträglich, dass die meisten Kinder dieser Altersgruppe zunehmend an eine Unsterblichkeit zu glauben beginnen, unabhängig von ihrer eigenen Religionszugehörigkeit.

Diese Vorstellung verstärkt sich bis zum Alter von dreizehn bis vierzehn Jahren und fällt dann bei Jugendlichen deutlich ab.

1 *Lest den Text durch und sprecht über den Inhalt.*

2 *Kannst du deine eigenen Vorstellungen vom Tod formulieren?
Schreibe deine Gedanken und Gefühle in einigen Sätzen, in Gedichtform usw. auf.*

Es fällt uns schwer, über unseren eigenen Tod zu sprechen.
Manchmal können Fragen beim Nachdenken über den Tod hilfreich sein:

- Welche Erfahrungen hast du mit dem Sterben und mit dem Tod schon gemacht? Wann war die erste Erfahrung und wo war sie?

- Wenn du an deinen eigenen Tod denkst: Hast du eher Angst davor oder Sehnsucht danach? Oder versuchst du, möglichst gar nicht daran zu denken?

- Wenn du eine tödliche Krankheit hättest, möchtest du, dass es dir jemand sagt?

- Was wünschst du dir für dein eigenes Sterben? Möchtest du dabei alleine sein oder von Menschen begleitet werden?

- Hast du dir schon einmal Vorstellungen über deine Beerdigung gemacht? Welche Wünsche hast du dafür?

- Beeinflusst dein Glaube/dein Nichtglaube deine Gefühle zum Tod?

Das folgende Gedicht schrieb ein Zwölfjähriger ein Jahr vor seinem Tod:

Die Flamme

Die Flamme ist wie ein Mensch,
sie lebt und stirbt.
Ihr Leben ist wild und übermütig,
so lange es dauert – sie ist lustig und tanzt
und hat anscheinend keine Sorgen.
Obwohl sie eine kurze Weile fröhlich ist,
nimmt sie ein trauriges Ende.
Traurig ist ihr Kampf, dass sie nicht sterben will.
Zuerst wirft die Flamme
ein gespenstisches Licht,
wenn sie dabei ist zu verlöschen,
flackert und springt sie
wieder ins Leben zurück.
Dann sieht es aus, als ob der Trieb
des Überlebens Sieger wäre.
Doch weder Flamme noch Menschen
können ewig leben.
Der Tod ist nah – die Flamme flackert
noch einmal,
hascht nach dem Docht, widerstrebend
dem Schicksal, das sie überschattet –
doch vergeblich ...
Der Tod hat ihren Widerstand erschöpft
und bleibt Sieger!

Guido, 15 Jahre, macht sich Gedanken über den Tod:

Ich weiß, dass alle Lebewesen mal sterben müssen. Der Gedanke, für immer weg zu sein, ist natürlich unheimlich. Warum es diese Einrichtung gibt, dass man sterben muss? Das ist nun mal so, damit hier neue Menschen Platz haben. Ich glaube nicht, dass es so was wie Gott gibt, der sich das Sterben ausgedacht hat, obwohl auch kluge Leute das behaupten. Wie soll denn das funktionieren, frage ich mich, wenn man nach dem Tod bei Gott sein soll? Ich glaube, das hat sich im Altertum ein frommer Mensch, so ein Mönch vielleicht, ausgedacht und es weitererzählt, damit keiner mehr vor dem Tod Angst haben sollte. Früher waren die Leute dümmer, und so haben sie das alles weitererzählt. Wenn ich mal sterbe, werde ich zu Nichts. Man lebt ja eine Weile. In der Zeit kann sich jeder an den Todesgedanken gewöhnen. Dass ich gelebt habe, ist der Sinn.

Begräbnisrituale in verschiedenen Kulturen

Das alte Ägypten

Üblicherweise dauerte die Vorbereitung eines Begräbnisses vom Tage des Todes bis zur Bestattung im Grab 70 Tage. Die Herstellung der Mumie dauerte 40 Tage. Familie und Freunde des Verstorbenen versammelten sich und trugen den Sarg mit der Mumie und die Grabbeigaben (alle die Dinge, die der Verstorbene zu einem guten Leben im Jenseits braucht) zum Grabeingang. Der Balsamierungspriester mit der Maske des schakalköpfigen Gottes Anubis umfasst die stehende Mumie und führt das wichtigste Ritual durch. Es werden Sprüche von der Papyrusrolle verlesen, geräuchert, Krüge zerbrochen und dann folgt das Mundöffnungsritual bei dem die Mumie magisch zum Leben erweckt wird. Nun kann der Körper auf ewig ein Ruheplatz der Seele sein und wird im Grabmal verschlossen.

Bali

Der zu Bestattende war schon vor einigen Jahren verstorben. Seine Familie kann erst heute das teure Bestattungsritual bezahlen. Der Tote wurde ausgegraben und seine Überreste auf einem prachtvoll geschmückten Gestell verwahrt. Der Bestattungsturm wird von Priestern, Familien und Freunden in einer Prozession durchs Dorf getragen, wobei von den Priestern und Angehörigen wichtige Rituale ausgeübt werden. Dieser Zug dauert fast einen ganzen Tag und wird sehr festlich gestaltet. Am Abend kommt der Zug auf dem Verbrennungsplatz an und das Gestell wird angezündet. Mit dieser Feuerbestattung konnte der Tote zur Erlösung kommen.

Nepal

Nach dem Ableben bringt man den Verstorbenen vor Anbruch der Morgendämmerung auf einer Bahre zum Flussufer. Die Toten müssen, so will es die Tradition, von den Hinterbliebenen zu den Verbrennungsstätten, den *ghats*, getragen werden.

Dort umschreiten die Söhne den Leichnam dreimal. Dabei halten sie Butterlampen in der Hand, die dem Verstorbenen dann aufs Gesicht gestellt werden. Sobald der Priester den bereits vorbereiteten Scheiterhaufen anzündet, lassen sich die Verwandten des Toten die Köpfe kahl scheren und nehmen im Fluss eine rituelle Waschung vor. Die Asche des Verbrannten wird in den Fluss gestreut.

Varanasi/Indien

Varanasi ist der älteste von Menschen bewohnte Ort. Die Stadt ist am Ufer des heiligen Flusses Ganges gelegen. Seit Jahrhunderten kommen Pilger hierher, um Erlösung und Trost zu suchen. Viele kommen zum Sterben hierher, um sich am heiligsten Ort Indiens verbrennen zu lassen und ihre Asche in den Ganges werfen zu lassen.

Tibet

In Ländern und Kulturen, in denen es nicht genügend Holz für die Feuerbestattungen gibt, kommen auch „Luftbestattungen“ vor (z. B. in Tibet).

Der Leichnam wird zerteilt und vorbereitet, sodass er von den Geiern auf den Friedhöfen gefressen werden kann. Dass diese Art von „Bestattung“ sehr schnell vor sich geht, ermöglicht der Seele nach Ansicht der Tibeter eine schnelle Wiedergeburt.

1 *Lest die fünf Informationstexte auf den Seiten 91 und 92 und vergleicht die Bestattungsrituale.*

2 *Welche anderen Bestattungsformen kennst du z. B. aus deinem Umfeld?*

3 *Hast du dir schon einmal Gedanken gemacht, wie du selbst einmal beerdigt werden willst? Begründe oder erläutere näher.*

Tod und Jenseits in verschiedenen Religionen

Man kann niemanden fragen, was nach dem Tod passiert. In den verschiedenen Kulturen sind unterschiedliche Vorstellungen entstanden. Fast immer endet das Leben nicht mit dem Tod, sondern es beginnt ein anderes, dem häufig ein höherer Wert beigemessen wird. Alle Religionen sind sich einig, dass nach dem Tod der Körper zwar stirbt, aber etwas in uns oder von uns weiterlebt. Auch wenn nicht alle Religionen an einen einzigen Gott glauben, so glauben doch alle, dass der Tod nicht das völlige Ende bedeutet.

	Christen	Juden	Moslems	Hindus	Ägypter
Der Teil, der weiterlebt	Seele	Seele	Nafs (Atem) Puk (Geist)	Atma	Ba
		= der gute Teil des Menschen, der den Körper verlässt /der Atem Gottes			
	Mensch	Mensch	Mensch	Mensch/Tier	Mensch/Tier
Der Weg zum Himmel oder zur Hölle	Gericht	Gericht	Gericht	Reinkarnation (Seelenwanderung) Der Mensch muss so lange in anderen Körpern wiedergeboren werden, bis er endgültig erlöst werden kann. Der Körper, in dem man wiedergeboren werden kann, ist abhängig davon, wie gut man im Diesseits gelebt hat.	Totengericht
	Fegefeuer Warten auf den Himmel	Fegefeuer Weg zum Himmel	al-nar (Fegefeuer) Krieger kommen direkt in den Himmel		
Fegefeuer	= Phase der Prüfung, Bestrafung und Bewährung nach einer Zeit / ewiger Verbleib in der Hölle	nach einer Zeit / endgültige Vernichtung		Erlösung ist, wenn man aus dem ewigen Kreislauf der Wiedergeburt aussteigen darf. = Sansâra	
Hölle oder Himmel	Hölle = ewige Verdammnis, Gottferne	Gehinnom	Jahannom		
	Himmel = die kommende Welt, Garten Eden, Gottnähe, Wiederbegegnung, sorgloses Leben	Hadamhabah	Paradies	Moksha Befreiung, Verschmelzung mit dem Göttlichen	keine Wiedergeburt, Weiterleben im Jenseits

1 *Schaut euch die Übersicht auf Seite 93 genau an. Findet Gemeinsamkeiten und Unterschiede in den hier aufgeführten Religionen. Notiert stichpunktartig.*

2 *Verschiedene Religionen haben verschiedene Jenseitsvorstellungen.*
a) *Von welcher Vorstellung fühlst du dich am ehesten angesprochen?*
b) *Vermitteln dir diese Vorstellungen eher Angst oder Hoffnung?*

M **3** *Versuche, mithilfe einer thematischen Weltkarte und zusätzlichen Nachschlagewerken die Verbreitung der einzelnen Religionen auf der Welt herauszufinden. Was fällt dir auf?*

Wege ins Jenseits*

„Und ich sah einen Thron, groß und weiß, und den, der darauf saß. Vor seinem Angesicht flohen die Erde und der Himmel, und keine Stätte wurde mehr für sie gefunden.
Und ich sah die Toten, die großen und die kleinen, vor dem Throne stehen, und Bücher wurden aufgeschlagen. Und noch ein Buch wurde aufgeschlagen, das ist das Buch des Lebens; und die Toten wurden gerichtet nach dem, was in den Büchern geschrieben stand nach ihren Werken." *(Offenbarung des Johannes 20, 11–12)*

„So wie das Feuer das Brennholz, so macht auch das Feuer des Wissens alle Werke zu Asche." (Bhagavdgita 4,37)

„Glaubt ihr denn, Wir hätten Euch in Sinnlosigkeit geschaffen, und dass ihr nicht zu Uns zurückgebracht würdet?" *(Koran, Sure 23:116)*

„Dieses irdische Leben ist nichts als eitles Getändel und ein Spiel; die Wohnstatt des Jenseits aber – das ist Leben fürwahr, wenn sie es nur wüssten." *(Koran, Sure 29:65)*

„Glücklich sind die aus religiöser Überzeugung Armen, denn ihnen gehört die Herrschaft der Himmel."
„Glücklich sind die Reinen im Herzen, denn sie werden Gott sehen." *(Matthäus 5, 3 und 8)*

„Diese Welt gleicht einer Vorhalle für die zukünftige Welt. Rüste dich in der Vorhalle, damit du in den Königssaal eintreten kannst." *(Sprüche der Väter, IV, 16)*

„Tretet ein ins Paradies, ihr und eure Gattinnen, in Freuden! Kreisen werden unter ihnen Schüsseln und Becher von Gold, enthaltend, was die Seelen ersehnen und die Augen ergötzt. Und ewig sollt ihr darinnen verweilen. Denn das ist das Paradies, das euch zum Erbe gegeben ward für euer Tun." *(Koran, Sure 43:70–75)*

4 *Ordne die Quellentexte den verschiedenen Religionen zu?*
5 *Sie beschreiben verschiedene Phasen auf dem Weg ins Jenseits. Finde die passenden Stellen auf der Übersichtsseite 93.*

Beim Sterben begleiten

Leitlinien für die Begleitung im Sinne der Hospizbewegung*

Ich achte in der Begegnung mit Leidenden, Trauernden und Sterbenden auf die Würde* des Menschen. Die Wünsche und Bedürfnisse des Kranken stehen im Mittelpunkt. Ich will offen sein für die Not des Augenblicks. Mit meinen Möglichkeiten stelle ich mich den konkreten Problemen.

Ich möchte mich vom Schicksal anderer Menschen berühren lassen und darauf wahrhaftig antworten. Dabei suche ich die Balance zwischen helfender Nähe und heilender Distanz. Ich will niemandem die eigene Verantwortung abnehmen. Ich achte darauf, nichts zu versprechen, das ich nicht halten kann.

Ich unterstütze alle Bemühungen, dass Menschen in ihrer letzten Krankheitsphase auch räumlich in einer liebevollen Umgebung leben und sterben können.

1 *Was hat sich diese Person im Umgang mit Sterbenden vorgenommen?*

2 *Sind diese hohen Anforderungen, die die begleitende Person an sich stellt, in der Realität immer erfüllbar? Diskutiert in der Klasse.*

3 *Könntest du dir vorstellen, einen Menschen, der eine tödliche Krankheit hat, bei seinem Sterben zu begleiten?*

Erklärung „Hospizbewegung“

(Wie die oben genannten Vorhaben einer Person im Umgang mit todkranken Menschen, entstammt auch der folgende Text den Leitlinien der Hospizbewegung.):

Die wichtigste Aufgabe ist es, Sterbenden zu ermöglichen, ihre letzte Lebenszeit zu Hause oder zumindest in angenehmer Umgebung zu verbringen. Können die Angehörigen den Sterbenden nicht zu Hause pflegen oder wenn der Patient alleine lebt, kann im Hospiz eine familiäre Atmosphäre geschaffen werden. Es wird keine aktive Sterbehilfe praktiziert, sondern es steht die Frage im Vordergrund: Wie können wir dem Sterbenden helfen, in Würde und weitestgehend ohne große Schmerzen zu leben, bis er stirbt? Die Betreuung umfasst die medizinische, pflegerische, psychosoziale und geistliche Fürsorge den Sterbenden und den Angehörigen gegenüber.

4 *Wie beurteilst du die Grundgedanken der Hospizbewegung?*

5 *Erkundige dich nach einem Hospiz in deiner Umgebung. Vielleicht kannst du dort ein Gespräch mit einem Betreuer oder einer Betreuerin führen?*

Eine Mutter, deren Kind gestorben ist, schreibt:
Ich habe selbst ein Kind verloren und betreue Eltern, die auch ein Kind verloren haben. Es ist schwer zu ertragen, dass man sich nicht nur von seinem Kind verabschieden muss, nein, man wird auch von seinen Freunden, Nachbarn, Bekannten und Kollegen gemieden, als hätte man eine ansteckende Krankheit. Ist es nicht natürlich, dass man traurig ist und weinen möchte und über sein verstorbenes Kind reden will?

Es fällt uns schwer, mit Trauernden umzugehen. Oft retten wir uns bei Begegnungen in Sätze wie:
- „Das wird schon wieder."
- „Ich hab auch so viel Schlimmes erlebt ..."
- „Nur Mut!"
- „Mit der Zeit wird alles wieder gut."
- „Weißt du, mir ging es damals noch schlimmer als dir ..."

6 *Welcher dieser Sätze wird einen trauernden Menschen wohl trösten? Begründe deine Meinung.*

7 *Durch welche Gesten oder Worte könnte einem Trauernden vielleicht eher geholfen werden?*

8 *Nicht immer können Angehörige oder Freunde Trost spenden bzw. Hilfestellungen geben. An wen könnte man sich noch wenden?*

Nicoles Trauer

Nicole lebte in einer Familie mit Vater, Mutter und zwei Geschwistern. Nicoles Vater ist überraschend im Alter von 34 Jahren an einem Herzinfarkt gestorben.

Die Mutter berichtet:

„Nicole, sie war damals zwölf Jahre alt, weinte sofort los, als ich ihr sagte, dass ihr Vater tot sei; gleichzeitig wollte sie mir nicht glauben.

Sie hat nie mehr vor mir geweint. Sie bezog ganz schnell eine sorgende Mutterrolle, sie wollte stark und tröstend sein und überforderte sich damit. [...] Schon bald stellten sich bei ihr starke körperliche Beschwerden ein, und sie fehlte oft in der Schule.

Themen wie „der Papa" oder „der Tod" wurden von ihr strikt vermieden. Wenn ich versuchte, mit ihr über den Vater zu reden, reagierte sie ausgesprochen abweisend und verweigerte sich. [...] Dagegen half ihr Musik sehr. Mein Mann und sie hatten früher viel Spaß beim gemeinsamen Improvisieren. Über mehrere Monate hinweg hatte sie hin und wieder den Wunsch, sich das Leben zu nehmen. Mir fiel auf, dass sie regelrecht nach Selbstmordmöglichkeiten suchte. Als ich sie eines Tages darauf ansprach, gab sie es sofort zu. Aber mein Zeichen des Verstehens und Wahrnehmens genügte, um ihre innere Spannung zu mildern. Sie machte nie wieder Andeutungen. Ein dreiviertel Jahr nach dem Tod meines Mannes wurde Nicole so krank wie nie zuvor. Meine intensive Pflege und Zuwendung taten ihr sehr gut. Ich glaube, dass das Kranksein für Nicole sehr wichtig gewesen war. Jetzt konnte sie ihre Mutterrolle ablegen und wieder Jugendliche sein. [...] Nach anderthalb Jahren kam es sogar vor, dass sie von sich aus von ihrem Papa sprach und sogar manchmal mit auf den Friedhof ging. Ihre körperlichen Beschwerden gingen zurück."

9 *Nicole trauert sehr um ihren Vater. Welche Phasen durchläuft sie dabei?*

10 *Wie geht die Mutter mit dem Verhalten ihrer Tochter in dieser schwierigen Lebensphase um?*

11 *Der Tod eines Familienmitglieds verändert das Leben der Familie meist grundlegend. Was wird sich im Leben von Nicoles Familie nach dem Tod des Vaters und Ehemanns verändert haben?*

Liebe Angehörige,

mit Bestürzung und Trauer haben wir vom Tod Ihres Sohnes erfahren. Doch es bleibt uns, wie vor allem auch Ihnen, ein lieber Mensch in Gedanken und im Herzen, mit dem wir viele Erlebnisse geteilt haben. Unsere gemeinsam verbrachten Kinder- und Jugendjahre waren sehr wertvoll für uns. Sie haben uns mit ihrer Unbeschwertheit und Friedlichkeit so viel fürs Leben mitgegeben. Viele Erinnerungen werden wach, in denen Ihr Sohn lebendig für uns bleibt, heute und auch morgen. Unsere Verbundenheit mit ihm und Ihnen möchten wir mit unserer Anteilnahme zum Ausdruck bringen.
Wir wünschen Ihnen, dass Sie die Kraft finden, den Tod Ihres Sohnes für Ihr Leben anzunehmen und seine Lebendigkeit in seinen Kindern, Ihren Enkeln, erleben dürfen.

In herzlicher Verbundenheit

Unbekannter Verfasser

Verantwortung für das Leben

Bedrohung des Lebens

Alkoholisiert gegen einen Baum geschleudert

Schwere Verletzungen erlitt ein 29-jähriger Mann, als er auf der B17, Höhe Göggingen, mit seinem Wagen von der Straße abkam und gegen einen Baum prallte. Er musste ins Zentralklinikum gebracht werden. Dass die Beamten mit ihrer Annahme, der Fahrer sei alkoholisiert gewesen, nicht falsch lagen, bestätigte sich im Klinikum. Den Führerschein ist der Mann jetzt los.

Ein Opfer aus Augsburg

Acht Jugendliche starben bei Busunfall in Österreich

Wien/Augsburg: Bei einer Busfahrt in den Urlaub sind am frühen Montagmorgen in Österreich acht Jugendliche aus Süddeutschland ums Leben gekommen, 24 wurden verletzt. Eines der Opfer stammt aus Augsburg, zwei weitere aus dem Münchner Raum, vier aus Baden-Württemberg. Der Bus war insgesamt mit 61 Kindern und Jugendlichen zwischen 14 und 17 Jahren auf dem Weg zu einem Urlaub nach Ungarn. Nahe einer Baustelle bei Melk auf der Westautobahn A1 wurde er von einem entgegenkommenden Lastwagen zum Teil regelrecht aufgeschlitzt. Der Lkw war nach Polizeiangaben mit überhöhter Geschwindigkeit unterwegs, bei der Einfahrt in die Baustelle kippte der Lkw-Anhänger um. Die Opfer wurden im Schlaf überrascht.

Selbstmordgefahr nach Busdrama

Lkw-Fahrer psychisch betreut

Salzburg: Der 27-Jährige Lastwagenfahrer, der den schweren Verkehrsunfall mit acht getöteten deutschen Jugendlichen auf der Westautobahn bei Melk (100 Kilometer westlich von Wien) verursacht hatte, ist wegen Gefahr des Selbstmordes in eine psychiatrische Anstalt gebracht worden. Das berichtete die Polizei am Freitag in Salzburg. Der Mann habe am Donnerstag einem Freund einen Selbstmordversuch angekündigt. Eine Zivilstreife habe ihn jedoch wenig später in seinem Auto an der Stadtgrenze von Salzburg gestoppt. Er habe eine ungeladene Gaspistole besessen, mit der er sich jedoch nicht hätte umbringen können. „Ich weiß einfach keinen Ausweg mehr. Ich werde mich erschießen“, hatte der Mann nach Darstellung der Kronenzeitung seinem Freund gesagt und war mit seinem Auto weggefahren. Der Freund alarmierte daraufhin die Polizei. Er sei der Situation nicht gewachsen und leide, hatte der 27-Jährige nach Angaben der Beamten erklärt. „Es ist ganz klar, dass dieser Mensch mit sich kämpft“, analysierte ein Polizeisprecher. Wegen zu hoher Geschwindigkeit war der Anhänger des Lkws umgekippt und hatte einen entgegenkommenden deutschen Bus aufgeschlitzt. Acht Menschen starben.

Verkehrsunfallstatistik 2004 – Unfälle in Bayern

Unfälle gesamt	336.400
davon mit Personenschaden	57.510
davon verletzt	77.310
davon getötet	1.112
mit Alkohol	7.423
dabei verletzt	3.428
mit anderen Drogen	523
mit überhöhter Geschwindigkeit	2.240
auf Schulwegen	843

1 *Verantwortung für das Leben – Bedrohung des Lebens?*

2 *Welches Verhalten der Verkehrsteilnehmer führte laut Zeitungsberichten und Polizeistatistik zu den Unfällen? – Sammelt Vorschläge, wie jeder Einzelne von uns im Straßenverkehr Verantwortung für sich und andere übernehmen kann.*

3 *Wie kannst du Verantwortung in deinem Alltag übernehmen? Denke dabei an Alkohol, Nikotin und andere Drogen. Diskutiert eure Beiträge.*

Anita Müller war endlich schwanger. Sie war 36 und damit eine so genannte Spätgebärende. Der Frauenarzt riet ihr deshalb in der 16. Woche zur Fruchtwasseruntersuchung, um mögliche Behinderungen zu erkennen. Frau Müller und ihr Mann entschieden sich für diese Untersuchung. Nach einer Woche kam das Ergebnis: Down-Syndrom.
Der Arzt erklärte den werdenden Eltern, dass ihr Kind behindert sein wird. Es steht nun die Entscheidung an, ob sie das Kinder zur Welt bringen wolle.

4 *Früher war es nicht möglich, im Mutterleib Krankheiten des Ungeborenen zu erkennen. Segen oder Fluch?*

Recht auf Leben

Schwangerschaftsabbruch – die Rechtsgrundlage in Deutschland

In den Paragraphen 218 und 219 des StGB ist festgelegt, wann eine Abtreibung möglich ist. Danach muss eine Frau, die abtreiben möchte, eine staatlich anerkannte Konfliktberatungsstelle aufsuchen und sich dort beraten lassen. Die Beratung ist kostenlos. Bei diesem Gespräch sollen Auswege für die Notlage der Frau aufgezeigt werden. Ziel ist es, die Frau bei ihrer Entscheidung zu unterstützen und zu ermutigen. Dabei sollen die Berater neutral bleiben. Am Ende des Gesprächs erhält die Schwangere einen Beratungsschein, auf dem ihr Name und der Termin des Gesprächs stehen.
Die Abtreibung ist nach der Konfliktberatung bis zur 12. Schwangerschaftswoche straffrei möglich. Der Arzt, der den Abbruch vornimmt, darf die Schwangere nicht beraten.

1 *In der gesetzlichen Regelung ist eine Abtreibung in der Regel bis zur 12. Schwangerschaftswoche möglich.*
- **a)** *Informiere dich über den Entwicklungsstand des Embryos zu diesem Zeitpunkt (Fotos, Beschreibungen).*
- **b)** *Wann beginnt deiner Meinung nach das Leben des Kindes?*

2 *Manche Frauen sagen: „Mein Bauch gehört mir."*
- **a)** *Was sagst du dazu?*
- **b)** *Wer kann bestimmen, was mit dem ungeborenen Kind geschieht?*
- **c)** *Nenne Gründe dafür, dass sich Frauen zu einer Abtreibung entscheiden, obwohl sie wissen, dass sie damit ungeborenes Leben töten.*
- **d)** *Welche Verantwortung kommt dem Vater des ungeborenen Kindes zu?*

3 *Verschaffe dir zusätzliche Informationen in einer Beratungsstelle. (Gründe für Abtreibungen, statistische Daten, Reaktionen der betroffenen Frauen)*

Grundgesetz der Bundesrepublik Deutschland Art. 2, Abs. 2

Jeder hat das Recht auf Leben und körperliche Unversehrtheit. Die Freiheit der Person ist unverletzlich. In diese Rechte darf nur aufgrund eines Gesetzes eingegriffen werden.

4 *Sprecht über den Inhalt des Grundgesetzartikels und klärt unbekannte Begriffe.*

5 *Sucht im Kapitel 5 „An Grenzen kommen" auf den Seiten 78 bis 107 Beispiele, in denen gegen den Artikel 2 der Verfassung verstoßen wurde, und solche, in denen er verwirklicht wird.*

6 *Sucht in Zeitungen und Zeitschriften Artikel, in denen über Verstöße gegen dieses Grundgesetz berichtet wird.*
Sammelt sie, stellt sie in der Klasse vor und sprecht darüber.

Schicksal

Zukunft

Wahnsinn

Verantwortung

Würde

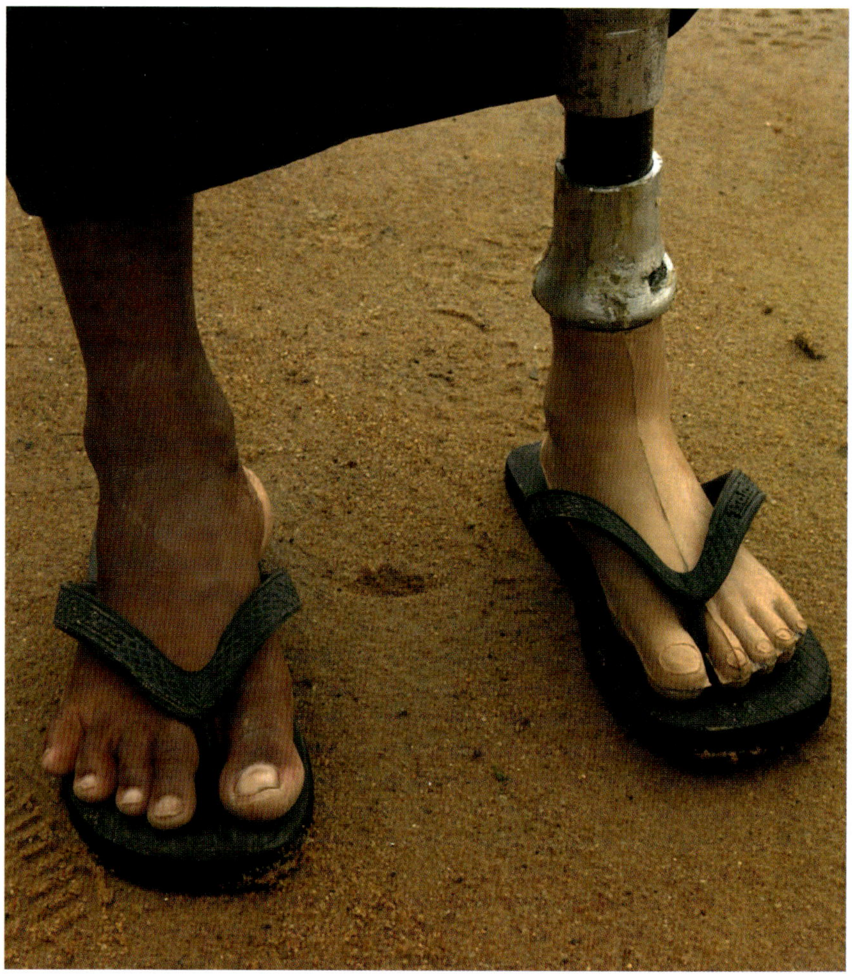

Tausende Menschen hat der Bürgerkrieg in Sri Lanka zu Krüppeln gemacht.

Weiterleben oder sterben?

Euthanasie*
(gr. leichter Tod) die;
1. a) Erleichterung des Sterbens, besonders durch Schmerzlinderung mit Narkotika (Med.)
   b) beabsichtigte Herbeiführung des Todes bei unheilbar Kranken durch Anwendung von Medikamenten (Med.)
2. (nationalsozialistisch verhüllend) Vernichtung von menschlichem Leben, das für lebensunwert erachtet wird

1 *Bringe die hier aufgezeigte Begriffsdefinition mit der obigen Frage in Verbindung.*

2 *Euthanasie hat nicht zuletzt wegen der Verbrechen, die die Nazis unter diesem Namen begangen haben, einen negativen Beigeschmack!*

Aus dieser Definition lassen sich zwei Formen der Sterbehilfe ableiten:

Passive Sterbehilfe
Passive Sterbehilfe wird geleistet, wenn bei einem Todkranken, dessen Leiden mit aussichtsloser Prognose einen nicht wieder umkehrbaren Verlauf genommen hat, die der Lebensverlängerung dienende medizinische Behandlung eingestellt wird, d. h., der Kranke wird nicht auf eine Intensivstation verlegt, bereits begonnene Therapien werden abgebrochen, zusätzlich auftretende Krankheiten werden nicht behandelt.
Sie ist stets zulässig, wenn der ausreichend aufgeklärte und urteilsfähige Patient sie wünscht. Aber auch wenn er nicht mehr befragt werden kann, ist sie erlaubt, sofern sie seinem mutmaßlichen Willen entspricht.

Aktive Sterbehilfe
Aktive Sterbehilfe ist die gezielte, möglichst schmerzlose Tötung eines anderen, um dessen Leid abzukürzen. Auch im Falle der eindringlichen Bitte des Patienten darf dieser nicht entsprochen werden. Denn das wäre vorsätzliche Tötung eines anderen. Nach § 216 des Strafgesetzbuches wird mit Freiheitsstrafe von sechs Monaten bis zu fünf Jahren bestraft, wer durch das ausdrückliche und ernstliche Verlangen des Getöteten zur Tötung bestimmt worden ist.

3 *Klärt im gemeinsamen Gespräch den Inhalt der beiden Texte.*

4 *Kannst du dich diesen Auffassungen anschließen? Begründe.*

5 *Versetze dich in die Rolle eines todkranken Menschen und schreibe in dein Tagebuch den Wunsch nach einem schmerzfreien, baldigen Tod auf.*

6 *Nenne Gründe, wieso es zu einem Verbot der aktiven Sterbehilfe kommen konnte.*

Kai, 9. Klasse Hauptschule, 15 Jahre:

„Meine Eltern sind geschieden. Ich weiß nicht, wohin ich ziehen soll. Ich wohne bei der Mutter, sie hat das Sorgerecht. Sie hat viel zu tun und ist sehr streng. Mit meinem Vater verstehe ich mich auch nicht. Seinen Ansichten nach ist er älter als meine Großmutter. Ich würde aber gerne zum Vater ziehen, wenn er mich wollte. – In der Schule geht es mir nicht gut. Ich habe für die Mathematikprobe sehr viel gelernt, dann war es wieder eine glatte Sechs. An dem Abend wollte ich zum Tanzen mit meiner Freundin weg. Mutter hat mich eingesperrt. Ich war stinksauer und verzweifelt. Ich konnte nicht mehr klar denken, es hat mir gereicht. Dann nahm ich 20 Stück „Gelonida". Ich kam ins Krankenhaus. Mutter war sauer, dass die Tabletten weg waren. Vater war zum ersten Mal im Krankenhaus freundlich zu mir, und Mutter hat immer wieder gemurmelt: „Kind, warum hat du uns das angetan?"

7 *Hier berichtet Kai von seinem missglückten Selbstmordversuch.*
- **a)** *Lest seinen Bericht und sprecht darüber.*
- **b)** *Sucht Gründe für seinen Selbstmordversuch.*

Nach dem statistischen Jahrbuch haben sich im Jahre 2003 in der Bundesrepublik Deutschland 11.150 Menschen, das sind 1,3 % aller Gestorbenen, das Leben genommen. Darunter waren 1.100 junge Menschen unter 25 Jahren. Selbstmord steht in dieser Altersgruppe neben Unfällen als Todesursache an oberster Stelle. Renommierte Forscher gehen davon aus, dass auf jeden Selbstmord mindestens 10 ausgeführte Selbstmordversuche kommen!

8 *Die Forscher sind der Anschicht, dass das Thema Selbstmord eines der vordringlichsten Probleme auch für junge Menschen ist.*

Bei einer Umfrage an der staatlichen Schulberatung wurden folgende Erkenntnisse gewonnen:
- Suizidprobleme* haben komplexe psychologische und soziale Hintergründe.
- Suizidproblematiken häufen sich in der Altersstufe der 16–19-Jährigen.
- Der Anteil der Abschluss-Jahrgangsstufen ist hoch.
- In den Monaten November, Dezember und zum Zwischenzeugnis im Februar häufen sich die Suizidversuche.

9 *Diskutiert über die Ergebnisse und sucht Begründungen.*

Ehrfurcht vor dem Leben

Das Leben als Geschenk annehmen

Ich bekomme ein Geschenk – ich sage danke.
Jeden Tag neu, eine Überraschung.
Mit einem Geschenk, das mir kostbar ist, gehe ich sorgsam, vorsichtig um.

Ein Geschenk, das ich nicht umtauschen kann.
Ein Geschenk, ohne das ich nicht wäre.
Ein Geschenk, das mir meinen Platz gibt.
Von dem aus ich meine Zukunft gestalte.

Was macht das Leben zum Geschenk?

Ines Wagner

1 *Die Verfasserin beschreibt das Leben als Geschenk. Welche Gedanken hat sie sich dazu gemacht?*
2 *„Das Leben als Geschenk annehmen" – schreibt eure eigenen Gedanken dazu auf.*
3 *Was macht das Leben zum Geschenk?*

4 *Überlege dir 20 Gründe, warum sich für dich das Leben lohnt. Vergleiche deine Ergebnisse mit denen deiner Mitschüler. Sammelt eure Gedanken und gestaltet ein Plakat.*

Hilfe geben – Hilfe annehmen

Gedanken ...

Keiner besucht mich.
Keiner hört mir zu.
Keiner will meine Hilfe.
Keiner fragt mich um Rat.
Keiner nimmt mich in den Arm.

5 *Hast du auch schon einmal solche Gedanken gehabt? Welche Gefühle bewegen Menschen, wenn sie sich so äußern. Tausche deine Erfahrungen mit den Mitschülern aus.*

6 *Das sind Gedanken. Meinst du, dass man ohne weiteres einem Menschen anmerkt, wenn er solche Gedanken hat?*

7 *Wie kann man helfen?*

Wer würde sich über meinen Besuch freuen?
Wer würde sich freuen, wenn ich ihm zuhöre?
Von wem würde ich Hilfe annehmen?
Wen versuche ich zu verstehen?
Wem vertraue ich mich an?

8 *Denke über diese Fragen nach und beantworte sie für dich selbst.*

9 *Was fällt dir leichter, „ helfen" oder „ sich helfen lassen"? Begründe deine Entscheidung.*

Helfen kann man lernen

Gebote* der Krankenpflege, aus dem Heilig-Geist-Spital in Rom, einem der ältesten Krankenhäuser des Abendlandes.
Es ist nicht genug, im Allgemeinen Gutes zu tun, noch genügen Güte und der Wille, das Gute zu vollbringen – du musst die tausend verschiedenen Weisen verstehen, es wirklich zu üben; was zu sagen, was zu tun ist bei den vielen kleinen [...] sowie bei den großen Leiden, die vor Schrecken verstummen machen; bei dem Körper im Fieberwahn; bei dem Herzen in der Beklemmung; bei der Verzweiflung, die weint und jener, die höhnisch lacht; bei dem, der Gott anbetet und dem, der ihn lästert; neben dem Leben, das entschwindet; und dem das wiederkehrt.

10 *In diesem Text wird ein Problem des Helfens angesprochen. Was muss ein Helfer in diesem Krankenhaus beachten? Formuliere es mit deinen eigenen Worten.*

11 *Kann man diese Regel auch auf andere „Helfersituationen" übertragen?*

Der Fürsorgliche

Nicht, weil er bös ist, nein: zu gut –
Quält uns oft einer bis aufs Blut.
Selbst Wünsche, die wir gar nicht hatten,
erfüllt er, ohne zu ermatten,
in einem Übermaß von Hulden
und: ohne Widerspruch zu dulden.
Ach, seine Sorge, ob er täglich
Uns recht umsorgt, wird unerträglich:
Mild fragt, in unserm ersten Schlafe,
ob wir gut zugedeckt, der Brave;
früh will er uns gewiss nicht stören –
Nur, ob wir wohl geschlummert,
hören.
Die Frühstückspfeife froh zu schmauchen,
vergällt sein Vortrag übers Rauchen.
Grad was wir äßen mit Vergnügen,
gibt's nicht, weil wir es schlecht vertrügen.
Dass er vor rauer Luft uns schütze,
drängt er uns Wollschal auf und Mütze,
ja, Regenschirm und Überschuhe,
im Fall nur, dass es regnen tue.
Auf leises Räuspern bringt bereits
Ein Säftlein er für Hustenreiz;
Und sollten etwa gar wir niesen,
ist unser Tod ihm fast bewiesen.
Und teuflisch martert er uns Armen
Erbarmungslos – nur aus Erbarmen.

Eugen Roth

1 *Hilfe und Fürsorge* können lästig sein. Erkläre warum.*

2 *Beschreibe Situationen, in denen Hilfe und Fürsorge gut tun. Wie kann man richtig helfen?*

3 *Kann jeder jedem helfen?*

4 *Wer würde sich freuen, wenn ich ihm zuhöre? Beantworte die Frage für dich. Mach's doch mal wieder.*

5 *Was fällt dir leichter „ helfen" oder „sich helfen lassen"?*

Zum Nachdenken

Ein guter Mensch am Höllentor

Die Hölle war total überfüllt. Und immer noch stand da eine lange Schlange derer, die Einlass am Eingang der Hölle begehrten. Schließlich, als das Gedränge zu beängstigend wurde, musste sich der Teufel höchstpersönlich herausbegeben, um die Bewerber fortzuschicken. „Bei mir“, so sagte er, „bei mir ist alles hoffnungslos überfüllt, sodass nur noch ein einziger Platz frei ist. Und den soll der ärgste Sünder bekommen. Sind vielleicht ein paar Mörder da?“ Keiner meldete sich. Nun forschte er unter den Anstehenden und hörte sich interessiert deren Vergehen und Verfehlungen an. Was auch immer sie erzählten: Nichts, nichts schien ihm schrecklich genug, als dass er dafür den einzigen, den noch letzten freien Platz in der Hölle hergeben wollte: Wieder und wieder blickte er die Schlange entlang. Schließlich entdeckte er einen, den er noch nicht gefragt hatte.

Und so sprach er ihn an. „Was ist eigentlich mit Ihnen – dem Herrn, der da für sich alleine steht? Sie haben noch gar nicht gesagt, was Sie getan haben! Was haben Sie getan?“ „Ich? – Nichts!“, sagte der Mann, den der Teufel so angesprochen hatte. „Ich war ein guter Mensch und bin nun aus reinem Versehen hier. Ich habe geglaubt, die Leute ständen hier um Tabak an!“ „Aber – Sie müssen doch etwas getan haben!“, sagte der Teufel. „Jeder Mensch stellt im Laufe seines Lebens etwas an.“ „Ich sah es wohl!“, sagte der ‚gute Mensch‘. „Aber ich hielt mich davon peinlich fern. Ich sah, wie die Menschen ihre Mitmenschen verfolgten. Aber ich habe mich niemals daran beteiligt. Sie haben Kinder hungern lassen und in die Sklaverei verkauft! … Sie haben auf den Schwachen herumgetrampelt. Überall um mich herum haben die Menschen von Übeltaten jeder Art profitiert. Ich allein widerstand der Versuchung – und tat nichts!“ „Absolut nichts?“, fragte der Teufel erstaunt und einigermaßen ungläubig. „Sind Sie sich völlig sicher, dass Sie das alles mitangesehen haben?“
„Aber ja! Vor meiner eigenen Haustür!“, sagte der ‚gute Mensch‘. „Und nichts haben Sie getan?“, wiederholte der Teufel seine Frage. „Nein! Beim Teufel, nein!“

„Dann – dann komm herein, mein Sohn! Der letzte freie Platz – er soll dir gehören!“ Und als er den ‚guten Menschen‘ einließ, drückte sich der Teufel zur Seite, um nicht mit ihm in Berührung zu kommen.

1 *Warum wollen so viele Menschen in die Hölle?*

2 *Wie sieht es dort wohl aus?*

4 *Kann man sich den Weg in die Hölle verdienen?*

5 *Stehen die Menschen auch am Himmel an?*

6 *Was ist eine „gute“ Tat?*
Überlege in Ruhe und begründe deine Meinung ausführlich.

Armut (Buch, S. 48)
Wirtschaftliche Situation einer Person oder Gruppe, in der diese nicht aus eigener Kraft einen angemessenen, sich am Existenzminimum orientierenden Lebensunterhalt bestreiten kann. (4, S. 200)

Autorität (Buch, S. 6)

Autoritätskonflikt (Buch, S. 7)
Unter einem Autoritätskonflikt versteht man die Auseinandersetzung mit einer Autoritätsperson.

Autoritäres Verhalten (Buch, S. 6)

Binsenweisheit (Buch, S. 71)
Tatsache, die schon allgemein bekannt ist; Allgemeinplatz. (1, S. 170)

Bürgerinitiative (Buch, S. 18)
Versuch einer Gruppe von Bürgern, die Aufmerksamkeit der Öffentlichkeit auf bestimmte Probleme zu lenken.
(1, S. 194)

Clan (Buch, S. 58)
Durch gemeinsame Interessen oder verwandtschaftliche Beziehungen verbundene Gruppe (2, S. 150)

Demokratie (Buch, S. 53)
Eine Staatsform, in der die Bürger die Regierung selbst wählen. (1, S. 214)

Ehrenamt (Buch, S. 52)
Öffentlich unentgeltlich ausgeübtes Amt in Verbänden, Vereinen oder in öffentlichen Einrichtungen.

Entwicklungshilfe (Buch, S. 50)
Maßnahmen, die von Industriestaaten zur Beschleunigung des Wirtschaftswachstums in Entwicklungsländern durchgeführt werden.
Zeitgemäße Entwicklungshilfe ist „Hilfe zur Selbsthilfe“.

Epidemien (Buch, S. 84)
Zeitlich und örtlich in besonderem Maße auftretende Infektionskrankheit, Seuche, Massenerkrankung (2, S. 223)

Erbfolge (Buch, S. 58)
Die Gesamtnachfolge des (der) Erben in die vermögensrechtliche Stellung des Erblassers. Sie tritt mit dem Tode eines Menschen von selbst ein und umfasst im Allgemeinen das gesamte Vermögen. (3. S. 551)

Euthanasie (Buch, S. 103)
Die Förderung des Sterbens (z. B. durch betäubende Mittel) bei (unheilbar) Kranken, die ohne medizinische Hilfe (z. B. künstliche Beatmung) nicht mehr leben können. (1, S. 312)

Fürsorge (Buch, S. 107)
Das persönliche Bemühen, um jemanden, der Hilfe braucht. (1, S. 368)

Gebot (Buch, S. 106)
Das was man tun soll, weil es ein Gesetz oder ein moralischer Grundsatz ist. (1, S. 378)

Geringschätzung/Geringschätzigkeit (Buch, S. 82)
Verachtung gegenüber jemandem zum Ausdruck bringen (1, S. 401)

Gesellschaft (Buch, S. 15)
Strukturiertes und organisiertes System menschlichen Zusammenlebens und -wirkens. (3, S. 556)

Gewalt (Buch, S. 44)
Anwendung von physischem bzw. psychischem Zwang gegenüber einem anderen, um diesem Schaden zuzufügen. (4, S. 119)

Gleichberechtigung (Buch, S. 58)
Ein im Grundrecht verankertes Recht der Gleichbehandlung von Mann und Frau. Es enthält ein Gebot der Gleich- und ein Verbot der Ungleichbehandlung. (4, S. 147)

Götter (Buch, S. 58)
In vielen Religionen eines von vielen überirdischen Wesen, die eine überirdische Macht haben. (1, S. 423)

Grenze (Buch, S. 77)
Markierte Linie, die durch Zoll und Polizei kontrolliert wird und zwei benachbarte Länder bzw. Staaten voneinander trennt. (1, S. 427)

Homosexualität (Buch, S. 63)
Gleichgeschlechtliche Liebe; sich auf das eigene Geschlecht richtendes Geschlechtsempfinden (Gegenteil: Heterosexualität). (2, S. 316)

Hospiz (Buch, S. 95)
Eine Art Krankenhaus für todkranke Menschen. (1, S. 501)

Jenseits (Buch, S. 94)
Der Bereich, der außerhalb dieser Welt liegt und in den man kommt, wenn man stirbt (Gegenteil: Diesseits). (1, S. 527)

Kapitulation (Buch, S. 82)
Resignierendes Nachgeben, Aufgeben (2, S. 386)

Klischee (Buch, S. 64)
Vorurteil; ganz feste Vorstellung, die kein Bild der Realität mehr ist. (1, S. 560)

Krisen (Buch, S. 79)
Schwierige, unsichere oder gefährliche Zeit oder Situation (die vieles ändern kann). (1, S. 592)

Matriarchat (Buch, S. 58)
Mutterherrschaft; Gesellschaftsordnung, in der die Frau die bevorzugte Stellung in Staat und Familie hat. (2, S. 486)

Mitleid (Buch, S. 38)
Das Gefühl, dass man einem Menschen helfen möchte, wenn man sieht, dass er traurig oder in Not ist. (1, S. 670)

Motto (Buch, S. 11)
Ein Gedanke, der meist in einem kurzen Satz formuliert ist, an den man sich hält. Devise, Wahlspruch. (1, S. 678)

Mysterium (Buch, S. 71)
Geheimnis; etwas, das mit dem Verstand nur schwer zu begreifen ist. (1, S. 685)

Neid (Buch, S. 37f.)
Das Gefühl der Unzufriedenheit darüber, dass andere Leute etwas haben, das man selbst nicht hat, aber gern hätte. (1, S. 703)

Pädagoge (Buch, S. 11)
Lehrer; ein Wissenschaftler, der sich mit Unterricht und Erziehung beschäftigt. (1, S. 735)

Podiumsdiskussion (Buch, S. 59)
Diskussion zwischen Experten, die vor einem Publikum auf einem Podium diskutieren. (1, S. 758)

Pornografie (Buch, S. 64)
Darstellung der Sexualität, die die moralischen Vorstellungen der Gesellschaft verletzt. (1, S. 761)

Recherche (Buch, S. 71)
Die intensive Suche nach Informationen. (1, S. 793)

Schwer Behinderte (Buch, S. 30)
Personen, deren Erwerbsfähigkeit aufgrund einer körperlichen, geistigen oder seelischen Behinderung um wenigstens 50 % gemindert ist. (3, S. 225)

Staatsgewalt (Buch, S. 53)
Die Herrschaftsmacht des Staates über sein Gebiet und die auf ihm befindlichen Personen sowie über die eigenen Staatsangehörigen. (3, S. 295)

Suizid (Buch, S. 104)
Selbsttötung. (1, S. 963)

Toleranz (Buch, S. 71)
Eine Einstellung, bei der man andere Meinungen respektiert bzw. duldet. (1, S. 985)

Unterwürfigkeit (Buch, S. 58)
Man ist bemüht, jemandem zu dienen, sklavische Haltung. (1, S. 1045)

Verantwortung (Buch, S. 39)
Die Pflicht, dafür zu sorgen, dass jemandem nichts passiert oder dass etwas in Ordnung ist, zustande kommt, verwirklicht wird. (1, S. 1054)

Wohlstand (Buch, S. 25)
Das reichliche Vorhandensein von allem, was man zum Leben braucht (1, S. 1143)

Würde (Buch, S. 95)
Der (innere) Wert, den man als Mensch hat und den andere Menschen respektieren sollen. (1, S. 1147)

Quellen

(1) Langenscheidts Großwörterbuch Deutsch als Fremdsprache, Langenscheidt KG 1998, Berlin und München
(2) Duden – Das Fremdwörterbuch, 8., neu bearbeitete und erweiterte Auflage. Herausgegeben von der Dudenredaktion. Bibliographisches Institut & F. A. Brockhaus AG, Mannheim 2005
(3) Der Brockhaus von A–Z in drei Bänden. F. A. Brockhaus GmbH, Mannheim 2000 – Sonderausgabe für den Weltbildverlag GmbH, Augsburg 2000
(4) Meyers Tachenlexikon, Meyers Lexikonverlag 1985, Mannheim, Wien, Zürich

Weitere Quellen für Informationen und statistische Daten aus dem Internet

- Auf den Internet-Seiten des Statistischen Bundesamtes Deutschland kann man sich jederzeit aktuelles Zahlenmaterial zu den unterschiedlichen Themenbereichen beschaffen:
  www.statistik-bund.de *oder* www.destatis.de

- Zum Thema „Hunger":
  www.hungersite.de *oder* www.bmz.de

- Zum Thema „Streitschlichter" (Gruppen, Ausbildung usw.):
  www.schule.bayern.de *oder* Stichwortsuche bei allen gängigen Suchmaschinen *oder* Homepages von Schulen

Bildnachweis

Coverfoto: IFA-Bilderteam, München; S. 5: dpa, Frankfurt/Main; S. 7: MEV, Augsburg; S. 9: Marion Venus, Regensburg; S. 10: MEV, Augsburg (o.), KSB, Pegnitz (Hr. Bauer); S. 13: ARTIS Foto, Karlsruhe (l.), Bildarchiv Preußischer Kulturbesitz, Berlin (M.), Bildarchiv Preußischer Kulturbesitz, Berlin (r.); S. 14: Artothek/Jacques Louis David (o.); Marion Venus, Regensburg (u.); S. 15: Günther Schwarz, Cadolzburg; S. 17: Bildarchiv Preußischer Kulturbesitz, Berlin; (o.l.), dpa, Frankfurt/Main (l.m.), Deutscher Tierschutzbund, Bonn (u.l., u.r.), Associated Press, Frankfurt/Main (o.r.), dpa, Frankfurt/Main; S. 18: Greenpeace Hamburg (Bernd Arnold); S. 19: Marion Venus, Regensburg; S. 20: Ullstein Bilderdienst, Berlin (l.), dpa, Frankfurt/Main (r.); S. 22: ullstein bild, Berlin; S. 23: MEV, Augsburg (© Volkswagen, Wolfsburg) (o.), project photos, Augsburg (u.); S. 26: Globus Infografik, Hamburg; S. 27: Marion Venus, Regensburg; S. 28: Marion Venus, Regensburg; S. 29: Stiftung Jugend forscht e. V., Hamburg; S. 31: Marion Venus, Regensburg (o.), project photos, Augsburg (u.); S. 32: Marion Venus, Regensburg; S. 34: Marion Venus, Regensburg; S. 35f.: W. Bielawsky, Augsburg; S. 38: MEV, Augsburg; S. 39: Wolfgang Lettl: *Die Allee von Borrington*, 1985 / Lettl-Atrium, Museum für surreale Kunst, Augsburg, © VG Bild-Kunst, Bonn 2006; S. 40: project photos, Augsburg (Karotten, Tomaten, Salat), MEV, Augsburg (Hamburger, Wurstsemmel), P. Berger, Berching (Milchreis, Saft), Bahlsen AG, Hannover (Chips), J. Prasch, Regensburg (Fleisch); S. 43: Jochen Aumann, Nördlingen (l.), dpa, Frankfurt/Main (r.); S. 46: Marion Venus, Regensburg; S. 47: Marion Venus, Regensburg; S. 48: dpa, Frankfurt/Main (o.r., u.l.), Ursula Meissner/UNICEF: (o.l.), MEV, Augsburg (u.r.); S. 49: Mauritius, Mittenwald (o.); dpa, Frankfurt/Main (u.); S. 50: Stiftung Menschen für Menschen e.V., München (Axel Haasis); S. 51: dpa, Frankfurt/Main; S. 54: dpa, Frankfurt/Main; S. 55: project photos, Augsburg; S. 57: Wössner/CCC, München, www.c5.net; S. 58: project photos, Augsburg (o.),Süddeutscher Verlag, München (M.), Bavaria Bildagentur, Gauting (u.); S. 59: Marion Venus, Regensburg; S. 61: freundin-Verlag, München (o.), MEV, Augsburg (u.); S. 62: Marion Venus, Regensburg; S. 65: Wildwasser Kreis Groß-Gerau e.V., Verein gegen sexuellen Missbrauch, Rüsselsheim; S. 66: Inszenierung der Landesbühnen Sachsen/Radebeul 1995 (Hagen König, Meißen); S. 67: Bildarchiv Preußischer Kulturbesitz, Berlin (l.), Langen Müller Verlag, München (r.); S. 68: Mauritius, Mittenwald; S. 69: project photos, Augsburg (o), Marion Venus, Regensburg (u); S. 70: Archiv für Kunst und Geschichte, Berlin; S. 71: MEV, Augsburg; S. 73: Süddeutscher Verlag, München (H.A. Roth); S. 74: Marion Venus, Regensburg (l.), MEV, Augsburg (r.); S. 75: project photos, Augsburg (o.l., o.M., u.r.), MEV, Augsburg (o.r., u.M., u.l.), (© Ford-Werke Aktiengesellschaft, Köln, Mi); S. 76: Karl Rauch Verlag, Düsseldorf; S. 77: Süddeutscher Verlag, München; S. 78: J. Moser, Amberg (o.), Süddeutscher Verlag, München (Holger Nagel, M.); S. 79: dpa, Frankfurt/Main; S. 80: Marion Venus, Regensburg; S. 82: Marion Venus, Regensburg; S. 83: project photos, Augsburg (o.l.), Jauntal Bungy, www.bungy.at (o.r.), Mexikanisches Fremdenverkehrsamt, Frankfurt/Main (u.); S. 85: Johanniterschule, Hannover/Ronnenberg (K. Enke); S. 86: MEV, Augsburg; S. 88: Petra Blumenstock, Hohenschambach; S. 89: KNA-Bild, Frankfurt/Main; S. 90: MEV, Augsburg; S. 91: MEV, Augsburg, Peter Kohring, Eggenstein-Leopoldshafen (u.); S. 92: KNA Bild, Frankfurt/Main; S. 96: MEV, Augsburg; S. 97: B. Amberger, Roding/Oberdorf; S. 98: Marion Venus, Regensburg; S. 100: Picture-alliance, Frankfurt/Main; S. 101: MEV, Augsburg; S. 102: Jens Grossmann, Wuppertal; S. 104: Marion Venus, Regensburg; S. 105: MEV, Augsburg; S. 107: MEV, Augsburg

Quellennachweis

S. 11: Wenn du nicht spurst, kommt die Super-Nanny, aus: www.fernsehserien.de, RTL Plus; www.familienhandbuch.de; Helga Theunart, www.zeit.de/2005/01; Nicole Prestle, „Super Nanny" bei Augsburger Familie, aus: Augsburger Allgemeine Zeitung vom 11.01.06, S. 26; S. 12: Dorothea Kraus u. a., Aus einem Jugendlexikon „Erziehung", aus: Jugendlexikon Erziehung, Rowolt Verlag, Hamburg, 1976, S. 30; S. 16: Beschäftigung von Kindern, aus: BGBl.I, S. 965 (o.), aus: BGBl.I, S. 425 (M.), aus: BGBl.I, S. 1565 (u.); S. 20: Zwillingstochter erstochen, aus: Augsburger Allgemeine Zeitung vom 15.11.2005; S. 21: Iwan S. Turgenjew, Der Narr, aus: Frankfurter Rundschau 1969; S. 25: Max von der Grün, Die Entscheidung, aus: Geschichten aus der Arbeitswelt, Löcker Verlag Wien; S. 30: Sozialgesetzbuch, aus: BGBl.I, S. 1045; Im Einsatz für Schwache, aus: www.tafel.de, Bundesverband Deutsche Tafel; Turco Marlen Singer, Neuer Tafelladen ..., aus: Augsburger Allgemeine Zeitung vom 04.08.2000; S. 31: Siegfried Michel, Kampf gegen Schwarzarbeit, aus: Augsburger Allgemeine Zeitung vom 31.08.2005; S. 37: Heinrich Böll, Anekdote zur Senkung der Arbeitsmoral, aus: Erzählungen 1950-1970, Kiepenhauer und Witsch, Köln; S. 40: Sibylle Huebner Schroll, Übergewicht eine Chronische ..., aus: Augsburger Allgemeine Zeitung vom 28.10.2000; S. 42: Amokfahrer soll acht Jahre in Haft ..., aus: Augsburger Allgemeine Zeitung vom 19.10.2000; S. 43: Erich Fried, Humorlos, aus: Gedichte, Wagenbach Verlag, Berlin, 1997, S. 20; S. 46: Peter Härtling, Wie Bernd und Frieder miteinander reden, Lizenzgeber: Arena Verlag; S. 49: Wohnungslose in Deutschland, aus: www.bag-wohnungslosenhilfe.de (o); Manfred Dreyer, Menschen für Menschen, aus: Abenteuer Menschlichkeit, DRK (Selbstverlag), Aachen, 2000, S. 14 (u), aus: mfm-online.org; S. 50: Nettoauszahlungen der BRD an Entwicklungsländer, aus: Medienhandbuch Entwicklungspolitik 2002, BMZ (Hg), S. 354; S. 52: Dieter Gaarz, Freiwillige Feuerwehr/ ehrenamtlich mitarbeiten, aus: PZNr. 92, Bundeszentrale für politische Bildung, Bonn, 1997, S. 19; S. 56: Joachim Kaps, Das Bonbon, aus: Komm wir gehen Hand in Hand, Lahn-Verlag, Limburg, 1987, S. 192; S. 58: Arthur Schopenhauer, Dienen lernen ..., aus: Zeitgeist und Erziehungskunst, Wissenschaftliche Buchgesellschaft, Darmstadt, 1984, S. 163; Matriarchat, aus: www.onomantie.de/matriarchat; S. 60: Bildung und Erziehung von Mädchen, aus: ISB, Frauenrollen – Frauenbilder, München, 1992, S. 63; S. 62: M. Bloem, Übersetzer: Marie Schins Machleidt, Er sucht ihn, aus: Es muss aber geheim bleiben, Rowohlt Verlag, Hamburg, 1985, S. 80; S. 63: Günther Harnich, Homosexualität, aus: Lexikon der Psychologie, Bd. 2, Herder Verlag, Freiburg, 1996; S. 65: Herzlich Willkommen bei Wildwasser ..., aus: www.wildwasser.de, Lizenzgeber Wildwasser Kreis Groß-Gerau e.V.; S. 66: William Shakespeare, Romeo und Julia, 1595; S. 67: William Shakespeare, Übersetzer: August Wilhelm Schlegel, Romeo und Julia, aus: Romeo und Julia, Reclam Verlag, Stuttgart, 1990, S. 33; Ephraim Kishon, Übersetzer: Friedrich Torberg, Romeo und Julia, aus: Es war die Lerche, Bastei Lübbe, Bergisch Gladbach, 1999, S. 11/12; S. 69: Mirjam Pressler, Stolperschritte, aus: Stolperschritte, Ravensburger Verlag, Ravensburg, 1997, S. 14f., S. 68f.; S. 70: Erich Fried, Aber, aus: Es ist, was es ist, Wagenbach Verlag, Berlin, 1996, S. 25; Mohamed al Saadi, Tränen im Regen, aus: Hungrig nach starken Gefühlen, Braunschweig, 1994, Lizenzgeber Westermann; S. 71: Thea Leitner, Für immer und ewig, aus: Spiele nicht mit meinem Herzen, Vorwort, Verlag Carl Ueberreuter, Wien, 1998; S. 72: Philip Cam, Übersetzer: Ulrike Beck, Definition Löffel, aus: Zusammen nachdenken, Verlag an der Ruhr, Mühlheim, 1996, S. 108; Saskia Stüven, Die Liebe und der Sport, aus: Augsburger Allgemeine Zeitung vom 30.05.2000 (u); S. 73: Lance Armstrong, Übersetzer: Teja Schwanner, ... Im neuen Leben, aus: Tour des Lebens, Lübbe Verlag, Bergisch Gladbach, 2000, S. 9; S. 74: Glücklich im Hier und Jetzt, aus: Brigitte 12/2000, Gruner & Jahr, Hamburg, 2000; S. 76: Antoine de Saint-Exupéry, Übersetzer: Grete Leitgeb, Josef Leitgeb, Der Kleine Prinz, aus: Der Kleine Prinz, Karl Rauch Verlag, Düsseldorf, 1998, S. 96; S. 78: Katrin Lemmler, Menschen in Grenzsituationen, aus: Partner fürs Leben, Helfende Hände, Verein zur Förderung und Betreuung mehrfachbehinderter Kinder und Erwachsener e.V. (Hg), München; Lance Armstrong, Übersetzer: Peter A. Schmidt, aus: Tour des Lebens, Lübbe Verlag, Bergisch Gladbach, 2000, S. 246; S. 79: Medizinstudent irrte sich in der Wohnungstüre: Erstochen, aus: Augsburger Allgemeine Zeitung vom 28.12.05, DPA, AP, DDP; S. 81f.: Gesa Herbst, Mein Körper war mein Gesamtkunstwerk, aus: Mein Körper war mein Gesamtkunstwerk, Stern Nr. 20, Gruner & Jahr, Hamburg, 2000, S. 54; S. 84: D. Tausch-Flammer, L. Bickel, Lebensreise, aus: Wenn Kinder nach dem Sterben fragen, Herder Verlag, Freiburg, 1994, S. 116 (o.); D. Tausch-Flammer, L. Bickel, Das Märchen vom Tod, aus: Wenn Kinder nach dem Sterben fragen, Herder Verlag, Freiburg, 1994, S. 165 (u.); S. 85: Franz Hübener, Kirsten Höcker, Die Großmutter, aus: Die Großmutter, Neugebauer Verlag, Zürich, 1997; S. 86: Peter Klever, Tod und Leben, aus: Ich zünde eine Kerze für dich an, Ernst Kaufmann Verlag, Lahr, 1994, S. 7; S. 87: Ruth Picardie, Übersetzer: Teja Schwaner, Wenn Menschen sterben, aus: Es wird mir fehlen, das Leben, Rowohlt Verlag, Hamburg, 2000, S. 30f./36; Tobias Brocher, aus: Wenn Kinder trauern, Rowohlt Verlag, Hamburg, 1998, S. 77f.; S. 88: Tobias Brocher, aus: Wenn Kinder trauern, Rowohlt Verlag, Hamburg, 1998, S. 19; S. 89: E. Kübler-Ross (Hrsg.), Übersetzer: Susanne Schaub, Die Flamme, aus: Verstehen, was Sterbende sagen wollen, Kreuz Verlag, Stuttgart Berlin, 1981, S. 80; S. 90: Tobias Brocher (Hrsg.), Guido, 15 Jahre, macht sich Gedanken über den Tod, aus: Wenn Kinder trauern, Rowohlt Verlag, Hamburg, 1998, S. 50; S. 95: Beim Sterben begleiten, aus: www.hospiz.at (o.); H. Beutel, D. Tausch, Erklärung „Hospizbewegung" aus: Sterben – eine Zeit des Lebens, Hrsg.: Helmuth Beutel, Quell-Verlag, Stuttgart, 1989, S. 145 (u.); S. 96: Uta Brumann, H.J. Knopff, Wilfried Stascheit, Eine Mutter, deren Kind gestorben ist, schreibt, aus: Projekt Tod, Verlag an der Ruhr, Mühlheim an der Ruhr, 1998, S.93; S. 97: D. Tausch-Flammer, L. Bickel, Nicoles Trauer, aus: Wenn Kinder nach dem Sterben fragen, Herder Verlag, Freiburg, 1994, S. 55; S. 99: Verkehrsunfallstatistik 2004, aus: Bayerische Verkehrsunfallbilanz 2004, Bayerisches Staatsministerium des Innern, Pressemitteilung Nr. 80/05; Sascha Borowski: Alkoholisiert ..., aus: Augsburger Allgemeine Zeitung vom 23.08.2000; Ein Opfer ..., aus: Augsburger Allgemeine Zeitung vom 22.08.2000; Selbstmordgefahr ..., aus: Augsburger Allgemeine Zeitung vom 26.08.2000; S. 103: Euthanasie, aus: Duden - Das Fremdwörterbuch, 8., neu bearbeitete und erweiterte Auflage, Herausgegeben von der Dudenredaktion, Bibliographisches Institut & F. A. Brockhaus AG, Mannheim, 2005; H. Beutel, D. Tausch, Zwei Formen der Sterbehilfe, aus: Sterben – eine Zeit des Lebens, Quell-Verlag, Stuttgart, 1989, S. 133–135; S. 106/107: Gedanken, aus: Ich werde gebraucht. Ein Lesebuch für alle, die anderen helfen wollen. Claudius Verlag – Butzon & Bercker. München 1988. Hrsg. Im Auftrag des Collegium Augustinum von Karl-Heinz Bierlein u. a. S. 149 (verändert und gekürzt); Helfen kann man lernen, aus: Ich werde gebraucht. Ein Lesebuch für alle, die anderen helfen wollen. Claudius Verlag – Butzon & Bercker. München 1988. Hrsg. Im Auftrag des Collegium Augustinum von Karl-Heinz Bierlein u. a. S. 134; Eugen Roth, Der Fürsorgliche, aus: Ich werde gebraucht. Ein Lesebuch für alle, die anderen helfen wollen. Claudius Verlag – Butzon & Bercker. München 1988. Hrsg. Im Auftrag des Collegium Augustinum von Karl-Heinz Bierlein u. a. S. 136; S. 108: nach Pedro Calderon, Ein guter Mensch am Höllentor, aus: Handlungsorientierter Leseunterricht, Auer Verlag, Donauwörth, 1998, S. 123